La creación del pensamiento
en los orígenes

DRA. MARA SVERDLIK

La creación del pensamiento en los orígenes

Estudio psicoanalítico acerca de las fantasías y teorías sexuales infantiles

t

teseo

Sverdlik, Mara
   La creación del pensamiento en los orígenes : estudio psicoanalítico de las fantasías y teorías sexuales infantiles. - 1a ed. - Buenos Aires : Teseo, 2010.
   186 p. ; 20x13 cm. - (Psicología y psicoanálisis)

   ISBN 978-987-1354-60-3

   1. Psicoanálisis. I. Título
   CDD 150.195

ISBN 978-987-1354-60-3
Editorial Teseo

Hecho el depósito que previene la ley 11.723

Para sugerencias o comentarios acerca del contenido de esta obra, escríbanos a: **info@editorialteseo.com**

www.editorialteseo.com

Índice

A Leo y Héctor

AGRADECIMIENTOS

Este libro es el resultado de la investigación de tesis doctoral, desarrollada durante el año 2006, en el marco del Doctorado de la Facultad de Psicología de la Universidad de Buenos Aires.

En primer lugar, quiero agradecer al Dr. Ricardo Rodulfo por su paciencia, generosidad y su capacidad de escuchar y comprender un proceso de investigación a veces difícil.

Quiero mencionar a la Dra. Stella Maris Cutain, cuya honestidad intelectual me abrió caminos para poder pensar novedades y diferencias.

Mi reconocimiento a mi querido amigo Fernando Urribarri, con quien hemos compartido por años la maravillosa experiencia de pensar juntos el Psicoanálisis.

A mi querida amiga Patricia Álvarez, que, con sus comentarios y opiniones, ha colaborado para que la tesis llegue a su fin y a quien me unen décadas de afecto, creencias y teorizaciones compartidas.

Finalmente, mi agradecimiento a Ignacio Hernaiz, por su afectuosa revisión crítica para darle a la publicación formas más precisas y elegantes.

PREFACIO

Por Fernando Urribarri

Sabemos que pasión e imaginación son las fuentes primordiales de la creación humana. Cuando se conjugan con la curiosidad y el rigor intelectual hacen posible el pensamiento innovador y las obras del conocimiento. Éste es justamente el caso del trabajo que el lector tiene entre sus manos, de su decisivo aporte a la elucidación psicoanalítica del pensamiento, de sus orígenes, sus fundamentos, sus avatares.

En gran medida la potencia de esta investigación es la expresión de su fecundo posicionamiento histórico-conceptual. De su inscripción en el proyecto renovador del psicoanálisis contemporáneo, en cuya matriz disciplinaria compleja se apuntala y a la que procura enriquecer. La importancia que nuestra autora le otorga a este posicionamiento contemporáneo nos anima a dedicar estas líneas introductorias a un breve esbozo del mismo.

Una primera aproximación al movimiento psicoanalítico contemporáneo puede consistir en señalar que su proyecto se define históricamente por el reconocimiento y la búsqueda de superación de la crisis del psicoanálisis debida a la fragmentación y al reduccionismo de los modelos post-freudianos. Tras la muerte de su fundador, el psicoanálisis tuvo la fortuna de ver surgir algunos autores post-freudianos originales que realizaron aportes extraordinariamente valiosos. Pero tuvo también la desgracia de que cada uno de ellos creara una nueva corriente militante que se proclamó la única heredera legítima de Freud. Los "tres grandes dogmatismos post-freudianos en vías de extinción" (como los llama J. Laplanche (1987)): la Ego-psychology, el kleinismo y el lacanismo repitieron el proceso sectario de armar su propio modelo reduccionista, convertirlo en dogma, mecanizar y generalizar una técnica particular, erigir un líder idolatrado como jefe de escuela.

Frente al dogmatismo y al reduccionismo post-freudiano, se destacan históricamente tres **movimientos antidogmáticos** que inauguran profundos procesos de cambio. En Inglaterra encontramos el Independent Group, desmarcándose del enfrentamiento virulento entre annafreudianos y kleinianos. Su rol histórico (en notable sintonía con algunos de sus aportes conceptuales más inspiradores) es crear en lo institucional y científico una posición independiente de la lógica militante, una suerte de área transicional que legitima una nueva libertad de pensamiento, de exploración y de intercambio. En Francia desde mediados de los años 60, cuando J. Lacan pasa de ser un autor renovador a ser un nuevo jefe de escuela, la mayoría de sus primeros y principales discípulos va rompiendo con él: J. Laplanche, JB. Pontalis, A. Green, D. Anzieu, P. Aulagnier, G. Rosolato, F. Perrier son algunos de ellos. Crean un nuevo espacio psicoanalítico anti-autoritario y pluri-referencial, institucionalmente transversal, fundado en una suerte de pacto fraterno: así surge el post-lacanismo. En la Argentina encontramos un movimiento freudiano pluralista que cuestiona desde adentro y desde afuera de la Asociación Psicoanalítica Argentina la rígida y reaccionaria hegemonía kleiniana. Adentro de APA el movimiento es encabezado por W. Baranger, M. Baranger, y J. Mom (en 1974 concreta una reforma democrática de la organización y la formación e instituye un esquema freudiano pluralista en lo científico). Junto con un amplio sector independiente ligado a los grupos Plataforma y Documento, impulsaron una apertura pluralista y cosmopolita a los movimientos y autores que mencionamos recién para apuntalar una renovación freudiana de la potente tradición psicoanalítica argentina.

De la evolución convergente de estos tres movimientos, de la búsqueda de superación de los impasses post-freudianos, surge el pensamiento psicoanalítico contemporáneo: freudiano, pluralista, cosmopolita, complejo, de frontera.[1]

En contraste con sus antecesores, el movimiento contemporáneo construye una novedosa posición histórica (e historizante) de filiación pluralista con Freud. Postula –como fundamento epistemológico– el distanciamiento a la vez ineludible y potencialmente fecundo con el padre fundador y su obra. No hay ortodoxia posible ni deseable. Dicho de otro modo: la obra de Freud es el fundamento del psicoanálisis, pero toda relación con ella está necesaria e irremediablemente mediada por el recorte y las opciones de cada modelo. Desde esta perspectiva epistemológica se distingue en la historia del psicoanálisis tres movimientos sucesivos a los que corresponden tres tipos de modelos teórico-clínicos (presentes de diversos modos en el panorama actual): freudianos, post-freudianos y contemporáneos. Cada nuevo modelo (como lo describe R. Khun) cambia la significación de los conceptos establecidos; desplaza los problemas ofrecidos a la investigación; da indicaciones para decidir acerca de los problemas pertinentes y soluciones legítimas; modifica la imaginación científica misma; introduce nuevas formas de práctica y modifica la experiencia.

El primer modelo corresponde a la etapa "clásica", de los primeros freudianos (y luego de los "anna-freudianos").

---

[1]   Para un desarrollo más amplio de este proceso, centrado en el psicoanálisis argentino (en relación con el psicoanálisis francés) el lector puede consultar "Después de Lacan. Del post-lacanismo al psicoanálisis contemporáneo", F. Urribarri, (2010), *Revista de Psicoanalisis*, N°1.

La teoría del aparato psíquico, basada en el descubrimiento del inconciente, está centrada en el conflicto intra-psíquico entre las pulsiones y las defensas. Las psiconeurosis de transferencia constituyen el cuadro clínico de referencia, el ejemplo paradigmático (R. Khun) que ilustra y confirma el modelo. El proceso analítico se funda en la articulación del trípode: neurosis infantil-psiconeurosis de transferencia-neurosis de transferencia. La práctica está orientada por el análisis de la transferencia y las resistencias, en función de la aplicación de las reglas del método psicoanalítico establecido empíricamente por Freud. En el segundo modelo, post-freudiano, el interés se desplaza en la teoría a la conceptualización del objeto, en unas latitudes como relación de objeto, en otras como lazo estructural con el gran otro (A) y el pequeño otro (*petit* a). Se establece una perspectiva predominantemente inter-subjetiva. Este nuevo modelo toma el funcionamiento psicótico (y secunda-riamente el de los niños) como nueva referencia central, como caso paradigmático. Correlativamente la técnica se enriquece profundizando el rol central del analista: en la corriente anglosajona se postula la contra-transferencia y en la lacaniana se destaca el deseo del analista.

El tercer modelo corresponde al psicoanálisis contem-poráneo, que propone una nueva síntesis o paradigma. **La teoría contemporánea concibe al sujeto psíquico como proceso heterogéneo de representación que simboliza las relaciones en y entre lo intrapsíquico (centrado en la pulsión) y lo inter-subjetivo (centrado en el objeto).** La concepción freudiana de la representación se ve extendida y complejizada, abarcando desde el cuerpo y el afecto hasta el pensamiento. Se enriquecen sus componentes (picto-gramas, significantes de demarcación, etc.) y se introducen nuevas lógicas o principios de funcionamiento (lo origi-nario, lo semiótico, los procesos terciarios, etc.). Inscripta en la dinámica de la estructura edípica, motorizada por las pulsiones eróticas y destructivas, y co-determinada por las relaciones con los objetos, la representación es definida como la función básica del psiquismo. Forma psicoanalítica del pensamiento complejo (E. Morin) la perspectiva metapsicológica contemporánea acentúa la heterogeneidad, la procesualidad y la poiésis o creatividad del trabajo psíquico.

Las patologías fronterizas constituyen los nuevos cuadros paradigmáticos. En la práctica se constata el predominio de cuadros no neuróticos o fronterizos por sobre las neurosis (ahora, usualmente, llamadas "clásicas"). Lo cual coincide con un cambio histórico propio del capitalismo tardío: en el que las patologías del vacío y del acto –como las anorexias y las adicciones– parecen encarnar el malestar cultural posmoderno de un modo equivalente al de las histéricas en la modernidad. Emerge un "psicoanálisis de frontera" (S. Bleichmar) que recorta y construye como objetos centrales de investigación las problemáticas limítrofes: entre soma y psique (psicosomática), entre el yo y el otro (casos límites), entre pasión y sobre-adaptación (trastornos narcisistas, adicciones), entre la representación y lo irrepresentable (patologías del vacío y el acto), entre lo intrapsíquico y lo intersubjetivo, etc.

Esto da lugar al desarrollo de un modelo teórico (y técnico) específico del "funcionamiento limítrofe" (A. Green). Se postula en los casos límites un doble frente de conflictos (simultáneos y escindidos): por un lado un conflicto pulsional, entre el yo y el ello; por otro lado un conflicto identificatorio, entre el yo y el (los) objeto(s). En esta encrucijada el yo se ve especialmente afectado a nivel de su estructura narcisista y de su capacidad de simbolización (blancos de pensamiento y sentimientos de vacío son dos de sus expresiones sintomáticas). En una trama triangular fallida, el objeto incestuoso del deseo inconsciente y el objeto de la identificación primaria y el apuntalamiento yoico resultan insuficientemente diferenciados. Consecuentemente la angustia de castración se ve redoblada por angustias de separación e intrusión (entre otras), provocando un funcionamiento paradojal. Las pulsiones sexuales (con fijaciones pre-genitales y un funcionamiento más cercano al del ello que al del inconciente) juegan un rol fundamental, lo que diferencia los casos limítrofes de las psicosis (y el modelo contemporáneo del post-freudiano que postula un núcleo psicótico). Mientras que a diferencia de las neurosis poseen un mayor peso las pulsiones destructivas, los mecanismos de defensa primitivos (escisión, desmentida, etc.). Es decir que en contraste con el predomino atribuido por el pensamiento post-freudiano a la relación de objeto y la destructividad, se recupera y renueva la dimensión traumática de la sexualidad. Así como también lo es la consideración de la potencialidad traumática del objeto, especialmente en relación con el narcisismo.

En cuanto a la teoría de la técnica, el abordaje de los estados limítrofes promueve la exploración de las condiciones de posibilidad y los límites de la analizabilidad. Se introduce el concepto de encuadre, elucidado en cuanto a su fundamento metapsicológico, su función metodológica (y epistemológica) y sus posibles variaciones técnicas. La contra-transferencia es redefinida y surge un concepto de contra-transferencia encuadrada o integrada. **El trípode transferencia/contra-transferencia/encuadre apuntala un modelo terciario del proceso analítico.** Consecuentemente se destaca la importancia del encuadre interno del analista y la compleja pluralidad de su funcionamiento en sesión: el trabajo psíquico del analista deviene un eje conceptual que articula elementos, dimensiones y operaciones diversas (escucha, figurabilidad, resonancia y elaboración contra-transferencial, memoria del proceso, historización imaginación analítica, interpretación, construcción).

En síntesis puede decirse que el movimiento contemporáneo instituye una nueva matriz disciplinaria que, esquemáticamente, se basa en cuatro ejes: 1) una lectura pluralista de Freud (que Jean Laplanche define como "crítica, histórica y problemática") que revaloriza la metapsicología y el método freudianos como fundamento del psicoanálisis; 2) una apropiación crítica y creativa de los principales aportes post-freudianos (especialmente de Winnicott, Bion y Lacan) acompañada por el dialogo con los autores contemporáneos de diversas corrientes; 3) una extensión de la clínica a los desafíos de la práctica con cuadros predominantemente no-neuróticos. 4) un horizonte epistemológico definido por el paradigma de la complejidad (E. Morin, H. Atlan, C. Castoriadis). Además el vocabulario freudiano deviene la *lingua franca*, y el *common ground* de este movimiento instituyente y de su nueva matriz disciplinaria pluralista, integradora, compleja.[2]

La apasionante aventura de construir un psicoanálisis freudiano contemporáneo, inaugurada por los movimientos pluralistas, está en curso. Concebirla (y *practicarla*) como una matriz disciplinaria abierta, como un nuevo y renovador programa de investigación es una de las cualidades indudables del trabajo de Mara Sverdlik. De ese modo personal ella se inscribe en la tercera generación u oleada del movimiento contemporáneo (siendo la primera la de W. Baranger, J. Laplanche y A. Green y la segunda la de S. Bleichmar, L. Hornstein y C.y S. Botella, entre otros). En

---

[2]   Para un desarrollo más amplio de esta perspectiva histórica y conceptual general el lector interesado puede consultar "The three concepts of counter-transference and the psychical work of the analyst" (Urribarri, F.) en: A. Green "Resonante on suffering" (IPA, 2007); "La théorie dans la psychanalyse actuelle: à la recherche d'un noveau paradigme" (Urribarri, F.) en: A. Green "Les voies nouvelles de la thérapie psychanalytique" (PUF, 2008); y "Las prácticas actuales y el paradigma contemporáneo."(Urribarri, F.) en *Revista Uruguaya de Psicoanálisis*, N°106.

tanto tal su trabajo incluye una original elaboración, crítica y creativa, de los autores contemporáneos anteriores. Pero esta es sólo una de las dimensiones de lo que este escrito notable le aportará al lector comprometido con los desafíos actuales del psicoanálisis.

"En la *Anthologie raisonnée de la littérature chinoise* (1948) de Margouliés, figura este misterioso y tranquilo apólogo, obra de un prosista del siglo IX:

> *Universalmente se admite que el Unicornio es un ser sobrenatural y de buen agüero; así lo declaran las odas, los anales, las biografías de varones ilustres y otros textos cuya autoridad es indiscutible. Hasta los párvulos y las mujeres del pueblo saben que el Unicornio constituye un presagio favorable. Pero este animal no figura entre los animales domésticos, no siempre es fácil encontrarlo, no se presta a una clasificación. No es como el caballo o el toro, el lobo o el ciervo. En tales condiciones, podríamos estar frente al Unicornio y no sabríamos con seguridad que lo es. Sabemos que tal animal con crin es caballo y que tal animal con cuernos es toro. No sabemos cómo es el Unicornio".*

De Jorge Luis Borges en *El libro de los seres imaginarios*, 1978.

Motivaciones

Hace casi dos décadas que inicié mi interés en estudiar las fantasías y teorías sexuales infantiles. En ese momento, era una mezcla de interés teórico con fascinación que me generaban estas producciones infantiles. Interés ligado al inmenso trabajo de pensamiento que despierta en los niños cuando se convierten en "teorizadores". Fascinación ligada a la sorpresa y gracia que producen cuando aparecen y a la vez a la seriedad con que son enunciadas y sostenidas por los niños.

A lo largo del tiempo, recorriendo las producciones teóricas psicoanalíticas relacionadas con el tema y a lo largo del trabajo clínico, el interés teórico se fue problematizando y sigo considerando pertinente encarar una investigación acerca de las fantasías y teorías sexuales infantiles.

La pregunta es entonces: ¿por qué estudiar las fantasías y teorías sexuales infantiles hoy?

En primer lugar porque si bien en estos tiempos se reconoce la existencia de la sexualidad infantil, sus límites corren riesgo de borrarse, fundamentalmente la línea que separa la sexualidad infantil de la adulta. Así con el discurso de la naturalización de la sexualidad se ejerce violencia interpretativa sobre el niño.

Los niños ya no creen en la cigüeña o en los repollos pero tampoco se excitan e interpretan esa excitación frente a los cuerpos expuestos en los medios de comunicación de la misma manera que lo hacen los adultos. Y eso es algo que a los adultos les cuesta mucho darse cuenta y borran diferencias y especificidades.

El niño hace un gran esfuerzo por pensar la identidad y la diferencia en sus teorías sexuales infantiles y es arrasado por una interpretación que considera que tenemos que liberar la sexualidad y que la sexualidad es una sola y hay que hablar de ella sin tabúes.

Por otro lado se da un proceso de desmentida, se supone que los niños no entienden de la sexualidad adulta, entonces se los somete a la violencia de las imágenes de la vida adulta y sus vicisitudes, sin ningún reconocimiento acerca de sus consecuencias.

Es en este punto que volver a hablar de la sexualidad infantil, de lo que piensan los niños sobre ella y marcar sus diferencias como diferencia generacional, sigue conservando su sentido, que es el de preservar su propia significación.

La experiencia clínica con niños y fundamentalmente con niños pequeños, nos muestra el enorme trabajo psíquico que le implica al niño el desarrollo de producciones imaginarias (como fantasías o como teorías) cuando los recursos transicionales (en el sentido que da D. Winnicott al término) de los padres no lo facilitan. Problemática frecuente en la patología infantil contemporánea, frente a las exigencias laborales de los padres, combinadas con la oferta de entretenimiento del mercado, que genera recursos de adaptación al medio pero con un alto costo sobre la dimensión creativa y las capacidades sublimatorias en los niños.

Julia Kristeva lo expresa claramente:

"La llamada sociedad del espectáculo es paradójicamente, poco propicia al análisis de los fantasmas e incluso a su formación. Las 'nuevas enfermedades del alma' se caracterizan especialmente por el frenado, cuando no por la destrucción, de la facultad fantasmática. Estamos atiborrados de imágenes de las que algunas entran en resonancia

con nuestros fantasmas y no nos apaciguan, pero que a
falta de palabras interpretativas, no nos liberan de ellos. Por
añadidura, la estereotipia de estas imágenes nos priva de la
posibilidad de crear nuestras propias imaginerías, nuestros
propios libretos imaginarios." (Kristeva, 1997/2001: 103)

**Este contexto me lleva a revalorizar ese momento de
producción tan importante, ya que imaginar acerca de
la propia sexualidad le implica al niño generar recursos
muy potentes de representación para sostener la sexualidad en el terreno psíquico y limitar los desbordes hacia
lo somático o la descarga masiva de afecto. Imaginar
y teorizar la propia sexualidad es organizarla en los
términos de la propia sexualidad infantil.**

En ese sentido, escuchar una teoría sexual infantil nos
muestra que el camino de la sublimación, como pasaje del
placer de órgano al placer de representación (Castoriadis,
1975/1989), se ha iniciado. Y eso no es algo menor.

De esta manera, considero que sigue siendo muy en-
riquecedor para el psicoanalista seguir teorizando acerca
de los orígenes de la teorización, aunque nos encontremos,
como menciona André Green, con los límites de los propios
fantasmas (personales y sociales).

El esfuerzo de conceptualización cuando nos acercamos
al pensamiento de los orígenes es enorme y los riesgos de caer
en el empirismo o de hacer mitología están siempre presentes.

Y éste es finalmente el motivo que sigo considerando
vigente para desarrollar una investigación acerca del tema.
Poder trabajar con material empírico, sin caer en la fascinación de la percepción y poder pensar con los modelos
más actuales e integrados que trae el psicoanálisis contemporáneo, estas producciones infantiles que nos permiten
entender la infancia, no como proyección de las fantasías
del adulto sino en la especificidad de la imaginación infantil
y en el tremendo esfuerzo de pensamiento que le implica
al niño enunciar una teoría propia.

INTRODUCCIÓN, INTERROGANTES Y PROPÓSITOS

Esta investigación tiene como antecedente la investigación *Estudio descriptivo de las teorías sexuales infantiles*, realizada con la beca de Iniciación de UBACyT año 1992, cuyo propósito fue realizar una recolección y un análisis sistemático de las teorías sexuales infantiles.

En dicho proceso de investigación el esfuerzo estuvo puesto en la sistematicidad, tanto de la recolección como del análisis, y en poder de esta manera actualizar las modalidades típicas por edades. El objetivo central fue elaborar regularidades, es decir marcar las modalidades que se repetían en las distintas edades, entre los dos y los cinco años.

Las conclusiones me llevaron a la necesidad de trabajar una discriminación conceptual muy importante, que es la distinción entre fantasía y teoría sexual infantil. Quedó pendiente, a partir de las conclusiones obtenidas, la necesidad de trabajar en su especificidad cada una de estas producciones infantiles.

Si bien varios autores dentro del psicoanálisis se dedicaron al tema, se confunden muchas veces los criterios para identificar una teoría o una fantasía.

Los autores que se tomarán en cuenta se ubican en lo que se denomina "psicoanálisis contemporáneo" (Green, 2003/2005), quienes, más allá de la fecha concreta de sus publicaciones, se consideran posteriores al "pos-freudismo", fundamentalmente respecto de las más importantes producciones teóricas, que son las obras de M. Klein y J. Lacan.

De esta manera, las fantasías no serán consideradas como un producto pulsional endógeno del niño (M. Klein) ni como un guión discursivo que se constituye entre la pulsión y el objeto (J. Lacan).

Entre las vicisitudes de la pulsión y la estructuración lenguajera, se abre un vasto campo que es el de la representación y sus distintas modalidades y articulaciones que hacen a la constitución del aparato psíquico.

Es el campo que D. Winnicott (1971/1986) denominó de "ilusión-desilusión" y dentro del cual encontramos conceptos trabajados y validados como el de "pictograma" de Piera Aulagnier, la "imaginación radical" de Cornelius Castoriadis, la "escena de escritura" de Jacques Derrida, la "economía libidinal y la cámara representativa" de Jean François Lyotard o los "procesos de indiscriminación-discriminación afecto-representación" de André Green, entre otros.

Veremos que los distintos autores ponen énfasis en algunos aspectos que se hace necesario articular conceptualmente, y por otro lado se dan supuestos teóricos que se mantienen desde el artículo de Freud de 1908 que no han sido cuestionados o cuyos cuestionamientos no se han profundizado, marcando consecuencias importantes para el objeto de estudio. Tal es el caso de las fantasías originarias.

Las fantasías sexuales fueron abordadas teniendo en cuenta el despliegue de la capacidad de figuración del aparato psíquico (Castoriadis, 1975/1989), la articulación entre la figuración y la estructuración discursiva (Lyotard, 1974/1979) o su configuración como escena de escritura (Derrida, 1967/1989).

Se considera que la teoría sexual infantil es teoría cuando implica una generalización (Laplanche, 1980/1988), cuando aborda enunciados acerca del propio yo (Aulagnier,

1975/1977) o cuando permiten desplegar el entramado discursivo (Bleichmar, 1984).

De esta manera se verán desplegados distintos ejes conceptuales que se refieren tanto a los contenidos que presentan fantasías y teorías, como a sus propias modalidades representativas, con sus modos de funcionamiento característicos.

Las fantasías y teorías sexuales infantiles constituyen los primeros enunciados de los niños acerca de la sexualidad, presentando una doble referencia: por un lado hablan de su vida pulsional, de su propia sexualidad infantil. Por otro, nos refieren acerca del proceso de elaboración simbólica propio de dicho trabajo psíquico. Elaboración que implica modalidades específicas de funcionamiento de la representación y momentos de estructuración tópica del aparato psíquico.

Ninguna de las características, que desarrollan los distintos autores, tomadas en forma aislada nos permiten definir y discriminar una fantasía de una teoría sexual infantil. Esta falta de diferenciación se hace mucho más explícita cuando indagamos en el tema de las fantasías originarias. De esta manera, se puede observar, por ejemplo, que no basta que un niño generalice un enunciado para que podamos definir que se trata de una teoría sexual y no una formación de la fantasía, ya que muchas veces se presentan generalizaciones que a la vez muestran elementos propios de las fantasías.

Dicha diferenciación es importante por el valor que se otorga en la teoría psicoanalítica, en general en sus distintas vertientes, a las teorías sexuales infantiles en la organización de la sexualidad infantil y posteriormente en la vida psíquica del adulto.

Este nivel de organización requiere ser explicitado, así como estas otras formas de menor complejidad de organización que las anteceden, que son las fantasías, que, si bien no tienen el grado de estabilidad que presentan las teorías, le implican al niño un importante esfuerzo de producción psíquica y que probablemente sean un producto psíquico sobre el cual pueda desplegar su capacidad teorizadora. En términos de Piera Aulagnier (1986/1994), el pintor con su trabajo figurativo antecede al teórico, en su esfuerzo lenguajero.

En esta línea de pensamiento, tomamos la propuesta de A. Green (2000/2002) quien sugiere que es necesario ampliar el campo de indagación que presenta el pensamiento de los orígenes que incluye: los fantasmas originarios, las fantasías de los orígenes, las teorías sexuales infantiles y la novela familiar.

El propósito de esta investigación es profundizar las distintas conceptualizaciones que permitirán discriminar las fantasías de los orígenes y las teorías sexuales infantiles en su especificidad y trabajarlos a la luz del material empírico, para definir sus modalidades propias y producir nuevas elaboraciones conceptuales.

Iniciaremos el desarrollo con la discusión acerca de las fantasías originarias, cuyo entramado nos llevará a cuestionarnos las modalidades representativas del origen en los orígenes del pensamiento. Modalidades que implican trabajar las primeras inscripciones y las primeras configuraciones de sentido. Se rechaza el concepto de fantasías heredadas en sus contenidos y organización y se abre el trabajo con la matriz simbólica.

El trabajo sobre la matriz simbólica se basa en el análisis de las primeras formas de representación y su relación con las categorías del espacio y tiempo en el aparato psíquico. Tales consideraciones nos llevarán al problema del sentido y el funcionamiento del lenguaje como representaciones verbales y su modo de organización.

Este trabajo posibilitará pensar las formas propias de la fantasía y la teoría sexual infantil.

Ésta será la matriz conceptual en función de la cual se analizará el material empírico y a partir del cual se podrán formular conclusiones.

A partir de este posicionamiento conceptual, se han elaborado varios interrogantes:

- ¿Qué características presentan las fantasías sexuales?
- ¿Qué características presentan las teorías sexuales infantiles?
- ¿Qué características diferenciales presentan las fantasías respecto de las teorías sexuales infantiles?

Intentaremos responder estas preguntas teniendo en cuenta que **el objetivo principal está dirigido a caracterizar las modalidades representativas, la forma de funcionamiento y los contenidos específicos de las fantasías sexuales y de las teorías sexuales infantiles.**

CAPÍTULO 1
DESARROLLO CONCEPTUAL

1.1. Discusión acerca de los fantasmas primordiales

Iniciaremos el análisis acerca del pensamiento de los orígenes a partir de una discusión que atraviesa la producción de distintos autores y cuya vigencia se presenta en el momento de pensar las fantasías de los niños. Se trata de la discusión acerca de los **fantasmas originarios o primordiales**.

Freud, en su texto de 1908, trabajó las teorías sexuales infantiles como comunes a todos los niños y designó tres teorías básicas:

- "Teoría fálica": consiste en atribuir a todos los seres humanos, aun a las mujeres, un pene.
- "Teoría cloacal": el hijo es evacuado como un excremento, como una deposición.
- "La concepción sádica del coito": ven en el coito algo que la parte mas fuerte le hace a la más débil con violencia y lo comparan a una riña.

Posteriormente, y a raíz del abandono de la teoría traumática de la seducción (que implica la creencia en la realidad de un adulto seductor que deja fijada la libido como traumatismo), consideró que las teorías sexuales infantiles prefiguraban a nivel ontogenético las formas dadas por los fantasmas originarios de índole filogenético. La ontogénesis se explica por la filogénesis. La filogénesis fue la solución encontrada a la discusión acerca de la seducción como verdad o como ficción y su intento de cercar el concepto de realidad psíquica que implica a ambos y los procesa con la temporalidad propia del *après-coup*. Esta es la postura que adopta a partir de los trabajos de 1915 y que coinciden con los trabajos metapsicológicos.

André Green considera que el recurso a la filogénesis se basa en la necesidad de darle a la sexualidad infantil y a su organización un carácter de generalidad y, fundamentalmente, agrega Laplanche, de pensar su carácter traumático.

Estos fantasmas primordiales (*ur phantasieren*) tienen contenidos específicos y se tratan básicamente de los fantasmas de:

- "Seducción": es la fantasía relativa a la presencia de un adulto seductor o también a veces atribuida a niños de mayor o igual edad. Es frecuente en el caso de las niñas que se acusa al padre de tal situación.
- "Escena primaria": es el relato acerca de ser testigo del intercambio sexual entre los padres.
- "Castración": refiere a la amenaza, de parte de los adultos, de amputación del órgano genital.
- En principio el "complejo de Edipo" formó parte de las fantasías originarias y posteriormente adquirió su valor propio en la teoría.

Los desarrollos post-freudianos tomaron distintos caminos y la escuela inglesa con Melanie Klein optó por los contenidos heredados que se manifiestan en todos los niños como fantasías paranoicas y depresivas, organizadoras del aparato psíquico infantil.

Desde el estructuralismo, Jacques Lacan fundamentó el concepto de fantasma como guión singular que cada sujeto organiza frente a la castración, interpuesto entre la pulsión y el objeto. Aquí no hay contenidos heredados pero sí formas que funcionan desde el origen como lenguaje hablado por el Otro. Por la concepción propia del significante, el fantasma pierde su consistencia como representación y pasa a ser exclusivamente del orden del lenguaje o más específicamente articulación significante, que permite dominar el goce por vía de una relación con un objeto, el objeto *a*.

Es importante señalar que el complejo de Edipo como organizador del aparato psíquico cobra importancia a partir de Lacan y que los autores que se tomarán en cuenta han elaborado sus conceptualizaciones a partir de sus desarrollos. La diferencia fundamental con la obra de Lacan refiere a su concepción del significante y por lo tanto de lo simbólico.

Hubo varios autores posteriores que, entre una postura y otra, abrieron el juego para pensar las fantasías y las teorías sexuales infantiles en su especificidad. Al conceptualizar los modos propios en que la fantasía se constituye, salen de la dicotomía instalada en el post-freudismo de tomar a la fantasía o como punto de partida sin discusión (como herencia), o envuelta en un formalismo apriorístico que no da cuenta de los contenidos de las fantasías infantiles de manera específica.

Tanto Jean F. Lyotard, como Cornelius Castoriadis y Piera Aulagnier desarrollaron las modalidades específicas que tienen las fantasías como actividad de la representación y despliegue de la figuración y relacionaron sus contenidos a las vicisitudes de la vida infantil.

Jean Laplanche y Jean B. Pontalis (1985/1986), en su texto *Fantasía de los orígenes. Orígenes de la fantasía*, vuelven sobre el problema de lo filogenético, poniendo en discusión nuevamente el problema del origen y lo originario en las fantasías infantiles, cuestionando la herencia de la especie.

En este punto los autores, y fundamentalmente Laplanche, consideran que el concepto de fantasía originaria tiene una fuerte carga metafísica, producto de las limitaciones epistemológicas de la época en la que Freud trabajó este concepto y que es necesario dejar de lado toda carga filogenética que obedece al modelo biológico de base.

Laplanche (1985/1986) considera que las teorías de la seducción y escena primaria quedan enmarcadas en la problemática del complejo de Edipo y conceptualizadas a partir de la teoría de la seducción generalizada que explica la existencia de un adulto seductor en el sentido en que la sexualidad infantil se apoya en la sexualidad adulta para constituirse y que implica seducción en tanto pasividad del niño hacia el adulto. El traumatismo inherente a la seducción se produce por diferencia de significaciones como exceso del adulto que el niño debe metabolizar como enigmas inconcientes recibidos, a los que denomina "significantes enigmáticos".

De esta manera Laplanche deja de lado la herencia biológica de la especie, da cuenta del traumatismo de la seducción de los orígenes y ubica la ficción en la producción fantasmática que intenta elaborar los restos inconcientes del traumatismo, que son los enigmas ligados a la sexualidad. Ésta es su respuesta a la problemática freudiana de la seducción como trauma o como ficción, que se plantea a partir de los estudios sobre la histeria.

André Green (2000/2002) retoma la problemática en *La diacronía en psicoanálisis* en el capítulo denominado "Lo originario en el psicoanálisis", de 1991, y discute con Laplanche acerca de la solución que presenta este autor al problema filogenético.

Considera que no se trata de una limitación epistemológica de Freud, sino que no hay coincidencia entre lo originario y el pensamiento de los orígenes, ya que no puede haber ni representación, ni concepción, ni pensamiento de lo originario, por su carácter de originario. El momento en que el psiquismo desarrolla el pensamiento de los orígenes es muy posterior y lo hace *après-coup*. Cuando el psiquismo puede constituirse en representaciones y pensamientos, lo originario estará lejos.

Green comprenderá los fantasmas originarios como esquemas organizadores, que sostienen la constancia y la regularidad que aparecen en los fantasmas de los orígenes como explicaciones relativas a los enigmas de la sexualidad.

De esta manera expone que Freud elige el fantasma contra el trauma porque tenía un carácter de mayor generalidad. En 1915 opta por la filogénesis, para superar las contingencias y lo accidental de la vida individual.

Sin embargo, agrega Green, no se trata de precipitados simbólicos inconcientes al estilo de Jung, sino que tiene la forma de esquemas como los *a priori* de Kant, que sólo se actualizan en la experiencia. Son esquemas que se precipitan en escenas.

Green compara los fantasmas originarios con las teorías sexuales infantiles y observa en ambos un factor común que es la escena primitiva.

Las teorías sexuales entrañan además la generalización del atributo pene y la concepción del nacimiento cloacal.

Éstas se pueden ver en paralelo con las fantasías originarias de castración y seducción articuladas con el complejo de Edipo.

De esta manera, los fantasmas originarios se articulan en el complejo de Edipo, mientras que las teorías sexuales infantiles se ven amenazadas por una regresión pregenital ante el complejo de castración que implica la articulación edípica. El emplazamiento de las teorías sexuales infantiles en el interior del complejo de Edipo las ubica como previas a la castración, con contenidos anales y fálicos regresivos.

En este punto discute con Laplanche, quien considera que los fantasmas originarios se refieren al origen de la sexualidad en el fantasma de seducción, al origen de la diferencia de sexos en el fantasma de castración y el origen del nacimiento del sujeto en la escena primitiva. Los contenidos quedan ligados al posicionamiento pulsional del sujeto en constitución.

Green no acuerda en este punto que la escena primaria coincida con la seducción tal como fundamenta Laplanche con su hipótesis de la seducción generalizada, argumentando que no se explica cómo el hecho de la seducción originaria genera un fantasma de seducción.

Justamente éste es el núcleo de la discusión sobre las fantasías originarias, qué de lo vivido como experiencia originaria o de los orígenes se precipita como escena.

Rechaza inclusive la tesis de Laplanche de considerar solamente a las teorías sexuales infantiles y dejar de darle una entidad teórica a los fantasmas filogenéticos que, si bien puede ser descartada su carga metafísica, considera que debe pensarse su posición y articulación en el complejo de Edipo.

¿Qué valor entonces otorga Green a los fantasmas originarios?

Dice que éstos se presentan como estructuras complejas de geometría variable, que deben articularse tal como dice Laplanche en el complejo de Edipo, pero que se hace necesario explicar entonces el complejo de Edipo como originario.

Para ello propone el término *matriz simbólica*. Expone que es necesario separar en el concepto, lo originario del fantasma. En lo originario no hay escena, no hay capacidad del psiquismo para la representación. Las escenas se constituyen posteriormente a partir de indicios, de vestigios, que precipitan como escenas.

Los esquemas originarios dan lugar a los fantasmas en el encuentro del esquema y la experiencia: las percepciones nacidas de la experiencia individual darán origen a procesos de fantasmatización que produce los guiones propios de los fantasmas a partir de estas matrices simbólicas modeladas por el imaginario. El esquema sería una abstracción vacía si la experiencia no le proporcionara la materia prima apta para estimular la imaginación y las formas narrativas.

Es matriz simbólica en el sentido que los esquemas no proporcionan contenidos sino mediaciones que hacen que los contenidos en las formas de la fantasía y la narración se desarrollen. En este mismo sentido, como marca estructural que permite que la experiencia individual se inscriba, considera que son marcadores temporales que ordenan e historizan los acontecimientos.

Finalmente expone que las diferencias de variaciones culturales y educativas se anulan cuando nos encontramos frente a las cuestiones primordiales de la diferencia de sexos y las generaciones, la concepción, el nacimiento y la muerte. Se trata de esquemas organizadores de la sexualidad. Las teorías sexuales infantiles responden entonces a la necesidad de causalidad en la infancia y, frente a su propia insuficiencia, toman el camino de representaciones fantasmáticas que intentan responder a los enigmas que ordenan la sexualidad.

Se observa aquí una fuerte coincidencia entre los autores, situándose la diferencia más importante en la concepción de esquema organizador frente a los significantes enigmáticos de Laplanche.

Como aporte original al tema, propone que a los esquemas organizadores de la sexualidad hay que agregarle los esquemas desorganizadores ligados a la pulsión de muerte, que son matrices simbólicas de la destructividad.

Se trata de los fantasmas de separación y pérdida, de penetración destructiva, de expulsión y vaciamiento y de autólisis (destrucción parcial o total del yo).

Denomina entonces "esquemas primordiales" al conjunto al que se le da el nombre de fantasmas originarios: seducción, castración, escena primitiva y complejo de Edipo, y los libera de su vinculación con las formaciones de la fantasía y la filogénesis.

Hasta aquí la polémica acerca de los fantasmas originarios.

La pregunta que surge es si hay necesidad de trabajar este punto de partida y cuestionarlo, o si podríamos dedicarnos a revisar las fantasías de los orígenes y las teorías sexuales infantiles, descartando estas discusiones como hipótesis de base sin mayores consecuencias para nuestro objeto de estudio.

Consideramos que en esta discusión se encuentran varias consideraciones que luego tendrán efectos en la manera de concebir las fantasías infantiles en general y en particular las fantasías sexuales de los niños y que siguen teniendo vigencia cuando se quiere abordar el psiquismo infantil.

La primera cuestión es la referida a la diferencia entre los orígenes y lo originario, que se encuentra superpuesta y borradas sus diferencias. Esta diferencia implica que **en los orígenes el niño no tiene los recursos representativos para armar una fantasía con los contenidos mencionados de los fantasmas originarios**. En este sentido, se rompe la concepción de que los niños nacen con fantasías organizadas como mencionábamos en el caso de algunos autores de la escuela inglesa o que se trasmiten en forma guionada lenguajera en el caso del estructuralismo francés. Aquí el niño recibe pasivamente un contenido fijo, ya sea figurativo o narrativo desde el momento del nacimiento.

Laplanche y Green intentan desarmar esa concepción poniendo énfasis en que:

1. Las fantasías en los orígenes se construyen a partir de la experiencia del niño.
2. Los contenidos de la sexualidad adulta en el marco del complejo de Edipo predisponen el desarrollo de la sexualidad infantil y le ofrecen percepciones, vivencias y representaciones a partir de las cuales construirán sus fantasías.

3. El complejo de Edipo será el esquema ordenador de los enigmas acerca del nacimiento o la diferencia de generaciones y de sexos y la muerte, que intentará responderse el niño en sus teorías sexuales infantiles. Laplanche considera que los enigmas son ordenadores de la sexualidad infantil descartando los temas que traen los fantasmas originarios y que la teoría de la seducción generalizada en el marco del complejo de Edipo ordena y da sentido a los fantasmas descriptos por Freud. **De esta manera las fantasías son formas muy inestables propias de los primeros tiempos del psiquismo que se organizan una vez que el psiquismo es capaz de responder a los enigmas con teorías que generalizan los temas de la sexualidad infantil.**

Green considera que los temas presentes en los fantasmas originarios deben ser sostenidos al modo de **matrices simbólicas que ordenan la sexualidad y explica así la regularidad con que éstos aparecen en el discurso del adulto.** Agrega esquemas desorganizadores productos de la pulsión de muerte.

En ambos autores se observa un trabajo muy preciso para separar contenidos heredados como significaciones fijas que reciben los niños al nacer, de esquemas organizadores que hacen de marco para que las fantasías en el caso de Green o de las teorías en el caso de Laplanche, se constituyan.

Ahora bien, en el caso de **Laplanche se cuestionará por qué la generalización es el único vector que se toma en cuenta para ordenar la sexualidad del niño** y discriminar entre una fantasía y una teoría sexual infantil.

Respecto de la posición de **Green**, se cuestionará su insistencia en que los esquemas organizan **contenidos que deben indefectiblemente aparecer en la sexualidad humana** y que si son esquemas o matrices puede haber variabilidad respecto de las modalidades y sentidos que presentan las teorías y fantasías sexuales infantiles.

Entonces, ni la generalización espontánea de las teorías sexuales infantiles es explicación suficiente del ordenamiento de la sexualidad infantil, ni los esquemas simbólicos que finalmente precipitan determinados contenidos regulares explican las modalidades propias de las fantasías infantiles.

Volver a pensar la problemática de las fantasías originarias implica abrir un campo que se encontraba cerrado y que, si bien es entrar en el terreno de lo irrepresentable (Green), se hace necesario discutir las hipótesis de distintos autores porque nos abre el camino para pensar el pensamiento de los orígenes en los orígenes mismos de la representación.

Partir de las fantasías originarias sin cuestionamiento, implica que el psiquismo presenta un ordenamiento muy complejo de base, casi de modo espontáneo.

La primera cuestión que aparece es: ¿cómo "se trasmiten en el inconciente" contenidos tan complejos?

Si el inconciente funciona con la modalidad del proceso primario, no hay ni diferencia sexual o de generaciones ni lógica de la contradicción, entonces ¿cómo se explica una narrativa tan compleja como la seducción que implica distinción generacional o como la castración que trae la cuestión de la diferencia de sexos?

La respuesta de **Green** considerándolos esquemas que precipitan en escenas tampoco nos permite encontrar una respuesta, ya que si son esquemas no podemos explicar la regularidad de contenidos fijos que presentan las fantasías originarias. **Si son esquemas, tenemos que abrir una posibilidad de pensar una variabilidad mucho mayor en los contenidos** en el sentido de las escenas que aparecen en el psiquismo infantil, si no seguimos pensándolas como contenidos fijos que se trasmiten.

La respuesta de **Laplanche** presenta las mismas dificultades, ya que si se trata de enigmas y no de contenidos fijos, no se comprende **cómo puede funcionar un enigma en el inconciente, dado que para el inconciente no hay modalidad interrogativa.**

¿No es la complejidad que presentan las fantasías originarias y sus formas lógicas más propia de procesos ligados al preconciente o a la capacidad representativa del yo?

Si el inconciente se constituye en los orígenes como un largo proceso donde se juegan variables intersubjetivas e intrapsíquicas en la dinámica de la pulsión-objeto (Green) y en el esfuerzo del trabajo de representación, ¿cómo pensar un inconciente con representaciones tan complejas y ordenadas como las que mencionan las fantasías originarias?

Abrir esta dimensión implica pensar a las fantasías de los orígenes en sus procesos constitutivos, en el esfuerzo de representación como trabajo psíquico de los orígenes y en este punto se hace necesario ampliar la concepción de las fantasías originarias y cuestionar si necesariamente se dan de la misma manera en todos los sujetos con los mismos contenidos o si están sujetas a las modalidades de elaboración simbólica de cada sujeto singular.

La hipótesis de las fantasías originarias fue sostenida por Freud para no dejar abandonada a la psique las vicisitudes de la vida singular y encontrar un nudo conceptual común a ciertas regularidades encontradas en el psiquismo.

Sin embargo, en la actualidad es necesario, como dice Green (1990/1993), poner énfasis en la capacidad organizadora de los fantasmas originarios y no discutir acerca de su origen filogenético.

Retomaremos el concepto de esquema ordenador como matriz simbólica, para trabajarlo con aportes de otros autores e incluso tomando concepciones acerca de la matriz simbólica que Green trabaja en otros momentos de su obra.

Profundizar en las modalidades de los esquemas matriciales nos permitirá volver a plantear el complejo problema de la regularidad y sentido propio de las fantasías y teorías sexuales infantiles.

Pensar la matriz simbólica que permite entender regularidades del pensamiento de los orígenes nos posibilitará poner entre paréntesis los contenidos específicos (castración, seducción, escena primaria, Edipo) para poder pensar cómo el psiquismo recibe las significaciones histórico sociales ligadas al complejo de Edipo (Castoriadis) como conjunto reticulado que articula y establece distintas relaciones entre sus temas (Green) y partiendo de procesos de representación propios de los orígenes (pictograma, magma, indiscriminación afecto, representación) organiza los procesos de representación más complejos implícitos en las fantasías originarias.

1.2. La matriz simbólica y el pensamiento de los orígenes

André Green (2000/2001), cuestionando el modelo madurativo de desarrollo del aparato psíquico, considera que si partiéramos de una estructuración organizada del deseo humano, la hipótesis de los fantasmas originarios tendría algún sentido en cuanto a su papel organizador de la psique. Y allí mismo menciona que dar cuenta de cómo hacen los fantasmas originarios para hacerse sentir es abrir un debate.

Según el autor, la psique es moldeable e impresionable y es muy difícil saber cómo se inscriben las huellas de la experiencia y menos aun cómo las captará posteriormente la conciencia.

Expone que en un primer momento algo oscuramente presentido ocurre y surge y marca a la psique con impregnación. **Esta matriz será despertada posteriormente por un acontecimiento que le dará un alcance más vasto a aquello que se recibió en forma de "impregnación investida de potencialidad significativa".**

Describe de esta manera el movimiento de significación retroactiva o *après-coup* pero agrega que no hay necesidad alguna de pensar solamente dos escenas como se piensa habitualmente sino que se puede pensar una cadena de diferentes sentidos que estarían ligados no tanto por una secuencia sino por una **relación reticulada**, que arma una red con diferentes elementos que reverberan unos sobre otros, formando una estructura arborescente independiente de las categorías espacio-temporales.

Es así, dice Green, como debe entenderse la coherencia de conjunto de los fantasmas originarios cuya función es poner en orden los fantasmas secundarios. Se trata entonces de un conjunto reticulado donde coexisten distintas conjugaciones del tiempo.

Continúa desarrollando que los fantasmas originarios constituyen recorridos preformados que el psiquismo ha de tomar desde los movimientos pulsionales hasta las estructuras narrativas que se extienden del inconciente al preconciente-conciente y cuya coherencia sólo se comprende a posteriori.

Entonces se trata de fragmentos mnémicos que obedecen a distintos momentos de estructuración del aparato psíquico, que implican temporalidades heterogéneas pero a partir de la constitución del yo y del sistema preconciente-conciente y del movimiento de retorno de lo reprimido se observa que valen más por sus relaciones, que por el contenido en sí.

Hasta aquí el pensamiento de los orígenes se encuentra constituido por huellas de investiduras significativas, esto quiere decir con potencial de significar cuando exista en el sujeto la capacidad de otorgar sentido, que esta potencialidad significativa se despliega en la red de relaciones entre huellas heterogéneas que se van produciendo en los procesos de estructuración de las distintas instancias y procesos del aparato psíquico.

Se plantean aquí las siguientes preguntas que nos permitirán ordenar la matriz simbólica que será el marco conceptual que guiará la interpretación de nuestros datos:

1. ¿Qué es **lo preformado**, qué es lo que se trasmite de una generación a otra si no son contenidos o precipitados de significaciones fijas y tampoco leyes de funcionamiento formales de una estructura?

2. Si las fantasías originarias son recorridos preformados, **¿cómo se despliega entonces el reticulado de relaciones** activado por la potencialidad significativa de las experiencias de los orígenes?

3. **Si las huellas tienen potencialidad significativa**, ¿esto implica que no se trasmiten contenidos sino que el pensamiento de los **orígenes despliega el sentido** a partir de redes de relaciones propias de cada experiencia?

4. ¿Qué de este entramado es **una dirección obligatoria** de todo aparato psíquico y qué **un tejido singular** de cada psiquismo?

André Green toma en este punto para trabajar el concepto de lo transgeneracional, como modo de transmisión cultural que pudiera explicar los fantasmas originarios.

El énfasis para Green hay que ponerlo en una transmisión en negativo, que implica una transmisión inconciente, involuntaria y que no se realiza de manera directa. Se transmiten elementos que son significados de manera mediata y sólo por inferencia pueden llegar a adquirir un sentido.

Lo transgeneracional pone en consonancia dos tiempos y dos generaciones: la de los padres y la de los hijos y abre la cuestión de la "generación del sentido". El sentido, dice Green, es generación procesual, es génesis, es una instancia dinámica que se inscribe en la potencialidad transformadora de lo posible.

Partiendo de un inconciente que ignora el tiempo y cuyas formas más primigenias implican conglomerados de representaciones sin orden espacial, retomamos la pregunta de Green sobre la generación del sentido para plantear el despliegue de la matriz simbólica desde las formaciones más arcaicas hasta el pensamiento de los orígenes mas organizado.

Para comenzar a abordar la matriz simbólica que posibilitará el despliegue de la fantasía, vamos a partir del desarrollo de André Green acerca de la constitución del aparato psíquico como despliegue de la articulación entre la pulsión y el objeto, seguiremos con el trabajo de Ricardo Rodulfo acerca de los primeros momentos de la subjetivación del infante como proceso de escritura, en el pasaje del cuerpo materno como caricia a la producción de trazos, constituyendo aquello que Piera Aulagnier denomina pictograma, en consonancia con el concepto de magma de Cornelius Castoriadis o de procesos de indiscriminación-discriminación de afecto y representación en André Green.

Posteriormente siguiendo esa huella, se pondrán en relación los desarrollos de Jacques Derrida acerca de la escena de escritura, de J. F. Lyotard respecto de los movimientos libidinales y los procesos de figuración y de C. Castoriadis sobre los esquemas de separación espacio-temporales, para desplegar el proceso de constitución de la imaginación y las fantasías como sus productos.

Finalmente el concepto de matriz encuadrante de André Green ligada al modelo del sueño, modelo del encuadre que plantea en los escritos más recientes, nos permitirá construir un modelo de análisis para pensar las fantasías sexuales infantiles y su diferenciación de las teorías.

1.3. La función de representación

Partimos de la concepción de André Green acerca del par pulsión-objeto y la función de representación que tiene el aparato psíquico.

Siguiendo a Freud, Green (1995/1996) considera que el sujeto es sujeto de la pulsión, en el sentido de que la subjetividad se manifiesta a raíz de una meta pulsional que se ha de cumplir y de un objeto que se ha de conquistar y de un empuje que surge de las fuentes del cuerpo y que pone al ser en movimiento, haciéndolo "salirse de si mismo" e invitándolo a consumirse en esa búsqueda. La pulsión es entonces determinante del sujeto, pero el objeto –por su atracción o su falta– es el revelador de la pulsión. Es un par conceptual que opera articuladamente.

Ahora bien, tal como lo consideraba Freud, la pulsión es un concepto límite, en el sentido de que no es propiamente ni somático ni psíquico. La pulsión se manifiesta a través de sus representantes por delegación. La excitación endosomática se hace representante psíquico cambiando de naturaleza. El representante psíquico tiene una doble función de límite entre soma y psique y entre madre y niño.

Ponemos especial énfasis en la concepción de Green acerca de la representación, ya que es el primer producto que abre lo psíquico y que es resultado del encuentro psique-soma, madre-niño. La función básica del psiquismo es la representación.

Hay distintos modos en que la representación se estructura y complejiza. La representación de cosa se constituye por las huellas mnémicas dejadas por la experiencia de satisfacción. Experiencia relativa a los modos de la presencia-ausencia de la función materna.

Cuando la carga pulsional del representante psíquico de la pulsión inviste la representación de cosa, se da lugar al representante-representación de la pulsión. Se inicia así un modo de satisfacción propio del sujeto, a partir de las representaciones de cosa disponibles, que es la satisfacción alucinatoria del deseo.

En este sentido, varios autores dan un lugar muy importante a la representación de cosa ya que pertenece al orden de lo figurable (Castoriadis, Lyotard, Aulagnier) y gracias a ella el representante psíquico se liga.

Según Green (1995/1996) la representación de cosa, capta, limita y transforma la energía pulsional. Principalmente por la ligazón de la representación de cosa al afecto, se hace posible entender la movilidad de las investiduras, que igualmente no alcanza a ligar completamente todo cuanto forma parte del representante psíquico.

Estas dos series, la de la exigencia endosomática del representante psíquico y las huellas de la experiencia de satisfacción, van a constituir el núcleo del sistema inconciente. La representación de cosa es el nódulo de la actividad psíquica.

Un grado de organización superior puede ser alcanzado por el lenguaje. Aquí nos encontramos con el tercer modo de la representación que es la representación de palabra. Su función es hacernos perceptibles procesos de pensamiento que sin él serían incomunicables.

Es así como Green da a la representación de cosa un lugar crucial, en el sentido de que pone en relación en el nivel conciente, la cosa y la palabra por medio del len-

guaje y en el nivel inconciente, pone en relación la cosa y la pulsión. A esto lo denomina doble representancia.

Para que el lenguaje pueda operar se hace necesario que el niño pueda investirlo, lo cual requiere de un complejo proceso de apropiación, ligado a los procesos de investimiento y separación del objeto materno y de su oferta sostenida en el código social ("lenguaje fundamental" para Piera Aulagnier y "significaciones imaginarias sociales" para C. Castoriadis).

1.4. Los procesos de figurabilidad: constitución del tiempo y el espacio en el psiquismo.

R. Rodulfo (1999/2004) desarrolla los procesos de figurabilidad como escena de escritura. Se trata de una secuencia que espacia a su manera un conjunto de términos. Espaciar es dar lugar a existir y el existir de la escena se produce en términos del autor como un campo de fuerza donde no hay un sujeto que escribe sino que "se escribe", es decir que se fabrican y suceden cosas, inclusive la primera vez de las cosas.

Es el nivel de la representación de cosa que hace límite con el soma y limita al soma que marca procesos de representación propios y que Rodulfo enfatiza como espaciamientos que no son indiscriminados ni binarios, sino lo que en términos de Derrida designa de diferencia no oposicional y que P. Aulagnier designa como zona-objeto.

Rodulfo se introduce en los procesos de constitución de las primeras huellas ligadas a lo corporal considerando que esa ligazón es escritura del cuerpo del niño que se produce de la escritura del cuerpo propio y del cuerpo materno.

El autor considera que el resultado de la vivencia de satisfacción que denomina experiencia por su complejidad es una inscripción psíquica que es la unidad mínima de enlace al cuerpo.

Siguiendo a Derrida y el concepto de archiescritura, enfatiza que antes de toda representación nos encontramos con la posibilidad de trazar o sea con una superficie de inscripción, que lo primero que hacen los trazos es la metamorfosis que los convierte en mural, como marco con sus bordes. Green trabaja este proceso a partir del concepto de Alucinación negativa y la función encuadrante, en el sentido que el sostenimiento materno y su ausencia, producen una pantalla-marco donde se fijarán las primeras inscripciones psíquicas.

Estas primeras inscripciones son operaciones fusionales cuyos cortes producidos en diferencia (no binaria ni opositiva) generan las formas propias de inscripción psíquica.

Es así como, afirma Rodulfo,

> "de ese potencial de rica fusionalidad se extraerán a partir del trabajo psíquico, variaciones de estructuración cuyo fondo de informe no significa la amenaza de un retorno tanático sino una umbilicación nutricia con lo mas viviente. De esta matriz decantan con el tiempo y el 'trabajo histórico de la diferencia' todas las lenguas que conocemos, cada una con su propio recorte, con su singular perfil." (Rodulfo, 1999/2004: 244)

Derrida (1967/1989) trabaja el *Proyecto de Psicología* de Freud (1895), donde discrimina dos tipos de neuronas: unas de percepción y otras de memoria. Freud menciona que cuando se produce una inscripción psíquica el estímulo conductor se abre paso entre estos dos distintos tipos de neuronas. Las de percepción serían permeables, en tanto que las de memoria ofrecen resistencia y por eso dejarían marca, la excitación deja su huella impresa. Esta es una manera de representarse la memoria.

Según Derrida, la diferencia entre los distintos abrirse-paso es el origen de la memoria, es más, que la memoria se forma por la diferencia de los distintos abrirse-paso.

Se trata como veremos más adelante con Lyotard, Castoriadis y Green, de pensar la vida psíquica entre la opacidad de la fuerza y la transparencia del sentido y que Derrida señala como diferencia en el trabajo de ambas, fuerza y sentido.

Entonces, el autor pone de manifiesto que la cualidad psíquica está dada no por la plenitud sino por el trabajo de las diferencias. La constitución misma de lo psíquico es trabajo de la *diferancia*, de la que las diferencias del abrirse paso no son mas que algunos de sus procesos. *Diferancia* fundamental que es esfuerzo de la vida que se protege a sí misma constituyendo una reserva, un rodeo entre el principio de placer y de realidad.

La fuerza se abre paso y se da lugar al espaciamiento. Las diferencias son de situación, de conexión y de localización. Se trata de una topografía de huellas. A su vez, el abrirse-paso no se da por una cualidad pura implícita en las huellas (neuronas en Freud), sino por sus relaciones, por sus espacios, pero esos espacios, esos abrirse-paso, se constituyen en la periodicidad, en el tiempo. Tiempo que es discontinuo.

Para Derrida el texto inconciente está ya tejido con huellas puras, que son diferencias entre la fuerza y el sentido. Archivos que son desde ya transcripciones, láminas originarias. **Se trata de depósitos de sentido, de un sentido que no ha estado nunca presente, cuyo significado presente se reconstituye con retardo, a destiempo.**

Lo desarrollado hasta aquí es las primeras representaciones ligadas a lo corporal, presentan su modalidad fusional o de zonaobjeto (Rodulfo) como primeras inscripciones en el encuentro de la pulsión con el objeto.

Estas inscripciones son huellas que son producto del abrirse-paso de las excitaciones y que en su reiteración, por ligadura, producen sentido.

De esta manera, la *diferancia* (Derrida) como diferencia en el abrirse-paso de las huellas produce el espaciamiento, y el retardo y la repetición producen las discontinuidades temporales propias de lo psíquico.

No hay sentido puro inscripto en el inconciente sino un trabajo de la fuerza que genera sentido pero que sólo será significado a posteriori, en cuanto se pueda ligar a la representación verbal.

El autor lo expresa claramente cuando afirma:

> "la fuerza produce el sentido (y el espacio) mediante el mero poder de repetición que habita originariamente en ella como su muerte. Este poder, es decir este imponer, que abre y limita el trabajo de la fuerza, inaugura la traducibilidad, hace posible lo que se llama 'el lenguaje'..." (Derrida, 1967/1989: 293)

Pensamos aquí, dice Derrida en la huella mnémica, que si bien no es todavía memoria conciente, esta huella que se abre su camino y marca itinerario, es condición de posibilidad de la memoria. **Se trata de la labor subterránea de la impresión sensorial que en el entramado del retardo suplementario y el sentido a destiempo, formará las distintas capas que estructuran el funcionamiento del aparato psíquico.**

Vemos aquí como se trata de un modelo que no es solamente espacial de una manera simple y homogénea, sino que se enlaza a un complejo sistema de funcionamiento temporal, que dará sus cualidades complejas al aparato psíquico.

Lo característico de esta escritura es el espaciamiento, que es devenir espacio del tiempo. Despliegue de significaciones a partir de una linealidad irreversible, que va pasando de punto de presencia a punto de presencia.

Según el autor hay espaciamiento fónico de las significaciones pero a medida que el aparato se complejiza, aparece el espacio-tiempo de la representación verbal.

Hay para Derrida espaciamientos que obedecen a la linealidad del tiempo lógico, dominado por el principio de no-contradicción y una escritura que es escena.

La escritura del sueño, que es escena, desborda la escritura fonética y pone a la palabra en su sitio. Es escritura figurada, imagen no dada a una presencia simple y conciente de la cosa misma, sino que es una escritura significante con forma de escena. La cadena fónica o la cadena de escritura fonética están distendidas mediante este espaciamiento esencial, con el que se construye el trabajo del sueño y toda regresión formal (o proceso figurativo). No se trata de una temporalidad lineal, ni una negación del tiempo sino otra estratificación del tiempo (heterocronía en términos de Green).

Considera que todo signo –verbal o no– puede utilizarse en niveles, funciones y configuraciones que no están presentes en su esencia, sino "que nacen del juego de la diferencia".

Entonces el aparato psíquico se estructura por el espacio de la escritura y el tiempo de la escritura. La temporalización no es meramente discontinuidad horizontal en la cadena de los signos, sino interrupción y reestablecimiento del contacto entre las distintas profundidades y capas del aparato psíquico. Se trata de un tejido heterogéneo del tiempo, que le da al psiquismo su modalidad propia de funcionamiento.

Ahora bien, la escritura, dice el autor, es impensable sin la represión. Su posibilidad es que no haya contacto permanente entre las capas de inscripción, ni una ruptura absoluta.

La huella es borrarse a si mismo, al borrar su propia presencia. Una huella que no se borra, es pura presencia y en tanto tal, no sería posible la representación. Este borrarse de la huella es la estructura misma de la temporalización que la hace posible, como auto afección pura y que puede entenderse según el autor como la represión originaria.

Este borramiento de la huella es lo que liga al aparato a la muerte, en principio como desaparición, como muerte de la presencia plena. Para que el aparato exista, no hay percepción plena sino representación, que implica el borramiento de la presencia y en el movimiento propio de lo temporal, presencia-ausencia, que espacia como trabajo de la diferencia, haciendo escritura.

Esta temática es ampliamente desarrollada por Derrida (1967/1996), en *El fenómeno y la voz*, donde considera que el movimiento de temporalización ligado a la intersubjetividad, permitirá pensar la representación, como no-presencia. La diferencia es espaciamiento como intervalo y es apertura al exterior y este movimiento es temporalización.

La no presencia, que es trabajo de diferencia, otorgará un lugar privilegiado a la voz. La voz es auto-afectación pura, no requiere como el ver de una exterioridad, pasando a ser la sustancia significante absolutamente disponible. Esta archiescritura de la voz materna actúa en el origen del sentido. Es el vestigio de una relación de intimidad del presente vivo en su relación con la exterioridad.

Posteriormente volveremos sobre este punto en los desarrollos de André Green.

Entonces, para Derrida el trabajo de la diferencia, en su abrirse-paso, marca espacio. El espaciamiento, como discontinuidad, se articula con el tiempo. El tiempo no como presencia de sí (crítica a Husserl), sino como sucesión y simultaneidad. El diferir es trabajo activo de la diferencia en la representación. La representación no es presencia plena sino sustitución originaria, "el en vez de", que según el autor es la operación propia de la significación original.

Otro de los autores que ha trabajado profundamente la problemática de las primeras representaciones y los procesos de constitución de lo espacio-temporal, ligado a los procesos de significación, ha sido J. F. Lyotard.

Para este autor el cuerpo libidinal es una membrana hecha de texturas heterogéneas, de pliegues y repliegues que van de la pulsión a la representación. En principio se trata de un dispositivo energético, donde hay confusión entre la piel libidinal y el registro de inscripción. El paso libidinal marca huella, la fuerza congregada da lugar a superficies de inscripción. Pone especial énfasis en el paso del afecto, diciendo que en principio el infante es energético y no representativo.

Los dispositivos libidinales a partir de las vías que recorre el afecto trazando itinerarios, genera huellas que por efecto del desplazamiento y la disyunción darán lugar a la denominada cámara representativa. La intensidad estabiliza configuraciones y los afectos se distribuyen en amplios dispositivos matriciales. Lo expresa claramente, cuando dice: "toda configuración energética puesto que descansa en disyunciones y reposiciones sintéticas de elementos disyuntos, es una estructura" (Lyotard, 1974/1990: 34).

Así como en Derrida las representaciones eran producto del trabajo de la diferencia, como operación del espaciamiento y el diferimiento, conformando conjuntos que posteriormente serían significativos al ligarse al funcionamiento del lenguaje, en Lyotard el énfasis está puesto en el movimiento energético, es la intensidad del recorrido del afecto que genera tensores, huellas densas. En principio el espacio es laberíntico y el tiempo efímero. Para que haya repetición es necesario que primero se arme una configuración. Estas configuraciones son las matrices que darán lugar al fantasma. Estas configuraciones se generan en la producción de unidades de las conmutaciones libidinales: lengua-pezón-labios, dedos-seno (lo que Rodulfo denomina la zonaobjeto), que a su vez son metáfora del origen perdido, de la unión imposible o del goce, en términos del autor.

La fuerza pulsional se estabiliza en configuraciones, los afectos se distribuyen en vastos dispositivos matriciales que darán lugar al fantasma. Las pulsiones inventan, no repiten los mismos efectos, según el autor. Será necesaria una configuración del inconciente para poder pensar en ella el retorno de lo mismo, es decir que en principio tiene que haber identidad y diferencia para que lo mismo se repita.

Entonces, estos recorridos de intensidades del espacio sonoro, táctil, cromático, erótico, dice Lyotard, generan una puesta en signos. Signo que implica la desmaterialización, el material anulado. El material ya no vale como tal sino como puesta en relación y esa relación es un aplazamiento infinito, una reiteración del aplazamiento significante que garantiza que no se tendrá nunca la misma presencia (la presencia nunca es la misma porque aun en sus momentos de presencia, esa presencia es siempre distinta, hay diferencia aun en la presencia)

Los espacios de intensidad van a estar escindidos en signos, y el receptor, destinatario, es quien dará la propiedad a tales signos.

Para Lyotard es el yo el que se constituye como destinatario y como descifrador e inventor del código. La receptividad es un momento constitutivo de la autoactividad. El yo es un yo *(moi)* que se va a construir construyendo lo que eso o el otro dicen. Así como lo intenso escinde los caminos de recorrido, escinde al yo constitutivamente, en el dador-receptor del mensaje, en activo-pasivo.

El signo produce sentido por separación y oposición, como sistema metonímico-metafórico y también produce intensidad por potencia y singularidad. Todo es signo o marca, pero nada está marcado o significado, ya que los signos son signos de nada, en el sentido de que se trata de remisiones metonímicas sin tregua y a la vez singularidad como concentración instantánea, efímera de fuerza.

Ahora bien, para que el yo pueda armar algo del orden del sentido, es necesario que funcione la negación en ese conglomerado libidinal-representativo. El "no" introduce para el autor, la alteridad en el discurso, abre en el signo la oposición y la ausencia respecto de la referencia-designación, ligando (tal como trabaja Freud (1925) en *La negación)* el juicio de atribución al de existencia.

Trabajo del no, de la ausencia (de la pulsión de muerte) que permitirá al yo adoptar una posición en el discurso, ya que el yo no designa nada sino que implica al tú en un diálogo.

El fantasma es un objeto creado por la fuerza pulsional, pedazos inventados y agregados como *patchwork* de la banda libidinal y que es sustituto de nada. Se trata de una invención de la libido, de un recorte sobre el cuerpo del otro de una fracción de sus superficies y anexión de ésta al cuerpo del sujeto fantasmante.

Fantasma y lenguaje tienen una relación de sustitución y recubrimiento. El lenguaje no es solamente sustituto de las configuraciones intensas que conforman el fantasma sino que en función de su rigidez e invariabilidad, son constitutivos del fantasma.

De esta manera Lyotard considera que el sujeto es cruce de intensidades libidinales que generan signo como singularidad y a la vez funcionamiento del sistema del lenguaje como sistema en tanto hay intercambio y sustitución, donde los significantes se forman mediante una disyunción regulada, como dimensión de lo universal.

Hasta aquí lo que se quiere marcar es el surgimiento de la psique como producto del encuentro entre la pulsión y el objeto. Psique que es energía libidinal que imprime recorridos de intensidades en Lyotard o escritura de la zonaobjeto en Rodulfo o trabajo de la diferencia en el abrirse-paso de la huella, que marca itinerario, en Derrida.

De este primer encuentro, quedarán restos, productos del funcionamiento de la ausencia, no como falta sino en el sentido que nunca será posible rehacer los primeros recorridos de las huellas de la misma manera. Siempre habrá diferencia, con recorridos de intensidades, de las distintas zona-objeto. Estos restos, que no son presencia plena, son representaciones como signo-marca de una presencia.

Ese complejo conglomerado en un espaciamiento no regulado (como disyunción), ligado a la repetición (recorridos simultáneos y sucesivos) de las experiencias de satisfacción, será el entramado sobre el cual el signo podrá transformarse en lenguaje, en un espaciado opositivo y en una temporalidad cronológica, una vez que los procesos psíquicos del preconciente-conciente funcionen y que el yo pueda comenzar a dar sentido.

En este entramado teórico, nos ubicamos para dar dimensión a nuestro objeto de estudio, que son las fantasías y las teorías sexuales infantiles.

Las fantasías conforman un primer producto que, tal como mencionaran Laplanche y Pontalis, no tiene estabilidad. Se trata de una puesta en relación, donde hay sujeto y objeto, pero no hay un yo que pueda estabilizar un sentido propio.

Decíamos anteriormente cómo pensar en este momento constitutivo del aparato psíquico, una representación tan estable y compleja como la que presentan las fantasías originarias.

Hasta aquí podemos pensar en función de los autores que venimos abordando, un entramado de representaciones que comienza a formarse, ligado a la fuerza libidinal (Lyotard) que se espacia por trabajo de la diferencia (modos de inscripción de la ausencia) en la repetición de la experiencia de satisfacción. Estos

restos representativos son signos, como marcas de la zonaobjeto del encuentro libidinal con la madre, que tienen potencial significativo (Green) y que como tal se desplegará en las primeras formaciones de las fantasías.

En esta misma línea de pensamiento ubicamos a Piera Aulagnier, ya que el pictograma se conforma de aquellas primeras experiencias del *infans* con la madre como signos de ese encuentro. Vivencia y afecto que serán puestas en escena, en relación al deseo del otro para que haya actividad fantasmática. La autora otorga una función muy específica a la actividad fantasmática que es el despliegue de la causalidad respecto del deseo, que tomaremos en cuenta en el capítulo destinado a la actividad de fantasear.

Veremos con Castoriadis y tal como se pudo entender en los autores citados que esas primeras inscripciones si bien son huellas libidinales, constituyen en sí mismas una puesta en escena, por menores o fragmentarias que éstas fueran.

Para Castoriadis la psique es imaginación radical, esto es emergencia de representaciones o flujo de representaciones no sometido a ninguna determinidad. La psique es capacidad de hacer emerger una primera representación, una puesta en imagen. Esta representación es delegación de la pulsión en la psique. La psique es receptividad de las impresiones, capacidad de ser afectado por, pero también presenta un modo de ser propio e irreductible que es la figuración o puesta en imagen, que existe en y por lo que forma. Las primeras representaciones son constituyentes-constituidas, en el sentido de que se abre un modo de ser del psiquismo, que será germen de los esquemas de figuración. La vida psíquica es capacidad de representar y organización de esas representaciones.

El inconciente está determinado en su modo de ser y sus manifestaciones pero no en sus contenidos. En lo que se desarrolla hay emergencia y surgimiento. Esto da al sujeto un carácter magmático, que implica una dimensión creadora, no sujeta a leyes de regulación o determinidad y paralelamente un carácter ensídico o conjuntista identitario, sometido a leyes de la lógica (identidad, no contradicción, tercero excluido).

Castoriadis considera que las fantasías originarias son de índole secundaria y que el modo de ser primario de la fantasía es la indistinción del sujeto y del no-sujeto y que el estado originario de la misma es la escena total. El sentido no se encuentra en la naturaleza de los elementos organizados sino en el "modo de la organización, es decir la puesta en relación o vinculación".

Pone énfasis en el cuerpo, tal como venimos marcando en otros autores, pero marca que el "cuerpo crea sensaciones", que el choque con el exterior, no es pasivo sino que es inmediato el surgimiento de un flujo representativo, que pone en funcionamiento la imaginación como capacidad básica de ser de la psique. Capacidad desfuncionalizada, en tanto no se rige por una intención adaptativa con el medio.

En el inicio, el sujeto es en si mismo todo, o estado monádico para Castoriadis. En principio de índole insensata, el sentido estará unido a tenerse el sujeto como fin y fundamento de sí mismo. La libido que circula entre el pecho y el niño es libido de "autocarga", es decir de una inclusión totalitaria. Se trata de una unidad simple, donde la diferencia no ha surgido todavía, es presentificación de una unidad indisociable de la figura, como sentido y placer.

Para el sujeto no hay imagen que no tenga sentido, es un mínimo de sentido que implica mantenerse unido. Puesta en imagen y puesta en sentido es lo mismo. No deviene el sentido después de la puesta en imagen. Esta es para el autor la matriz del sentido: todo debe mantenerse unido y ese mantenerse unido es buscado como fuente de placer. El placer de órgano es mantener unido a la fuente de satisfacción con la zona erógena. El placer de representación que se apoya en el placer de órgano pero se autonomiza, tiende como primera forma de placer a mantener unido sus productos representacionales.

Para el autor, la discriminación que hace Kant entre cualidades empíricas que pertenecen a la cosa y el esquema trascendental que pone el sujeto para organizar esas cualidades, no es válido. Considera que la representación, producto del choque con lo externo, contiene en sí esas cualidades. Las cualidades son del sujeto y son pura emergencia creadora. En un inicio son monádicas, tienden a la unidad y están ligadas al placer. Placer de órgano que inmediatamente ante la pérdida de la fuente, se constituye en placer de representación y según Castoriadis predomina sobre el placer de órgano. Estas primeras representaciones están organizadas bajo un modo de ser primario. Se trata de una organización que abarca figuras. En la medida que la psique se socializa, esas primeras representaciones pasarán a tener rasgos genéricos y esquemas categoriales. Tendrán su transformación definitiva cuando puedan ser nombradas y pensadas.

De esta manera, se hace necesario explicar la separación, ya que el sujeto tiende a la unificación. El esquema de separación es creado e instituido por la sociedad y se sostiene fundamentalmente en la institución social del lenguaje.

Castoriadis trabaja específicamente, el problema de la organización de estas primeras representaciones, que tienen su "apoyo" en una organización que es heterogénea a la psique pero que le da el modo de su organización, que son las significaciones histórico-sociales. El sujeto debe salir del sentido monádico para construir el sentido socialmente instituido, en su proceso de socialización.

La psique debe renunciar al sentido propio imponiéndole el sentido de las significaciones imaginarias sociales.

Ahora bien, vemos en este autor la importancia de la dimensión poiética, creadora de lo humano. Esas representaciones tienen características propias, son figuras totalizantes.

Anteriormente relacionamos esas primeras representaciones con la zonaobjeto, el pictograma o las primeras escrituras. Veremos como Castoriadis enfatiza en esa dimensión estas propiedades de las representaciones: que son creaciones cuya emergencia es figura (cualquiera sea su forma o modalidad) y que esa figura implica una totalidad, un mantenerse unido de partes.

Esto trae algunas consecuencias en la concepción del sentido, del espacio y del tiempo, cuestiones básicas que estamos trabajando para definir nuestra matriz simbólica.

De esta manera, propone respecto del tiempo que, en y por el proceso de socialización, la psique absorbe o interioriza el tiempo. Hay dos formas de ser del tiempo, el tiempo público, que es "tiempo identitario-conjuntista", que es el tiempo de la fijeza, de la constancia y de la organización de las variaciones. Es el tiempo de la repetición, la equivalencia y la recurrencia.

La otra forma del tiempo, es el tiempo privado o "tiempo imaginario, que es tiempo significativo y de la significación", que tiene ritmo y cualidad y está ligado al afecto-representación.

La sociedad se crea sobre el soporte de estas dos dimensiones entrelazadas: la dimensión identitario-conjuntista (ensídica) y la dimensión imaginaria o poiética. No hay una significación intrínseca del mundo sino una variedad enorme y heterogénea de significaciones.

Aquí el autor presenta una postura diferente a la que hemos desarrollado con Derrida, en el sentido que el espaciamiento por repetición daba lugar a los primeros conglomerados de sentido.

Castoriadis considera a estas categorías del espacio-tiempo como pertenecientes a un nivel de organización mayor, que es identitario-conjuntista. Dice que en un principio "hay creación de formas como alteridad", como emergencia. Se trata de una forma que no es deducible ni producible de otra y a su vez nunca está cerrada y puede dar lugar a la emergencia de formas nuevas. El tiempo es en principio creación y destrucción de formas. Cada emergencia es tiempo propio y cada creación es destrucción de una forma otra porque se altera la totalidad de lo que es.

El ser es entonces despliegue de una multiplicidad heterogénea de alteridades coexistentes. El carácter último del tiempo está dado por la emergencia de formas. El antes y el después, con su irreversibilidad propia, se forman por la creación y destrucción de las formas. El antes condiciona el después de una manera no simétrica, ya que permite el surgimiento de una forma y la inversa no tiene sentido.

Para Castoriadis el tiempo no necesita al espacio para constituirse, sino que lo contiene y lo implica. El espacio es determinación como identidad y diferencia.

Veíamos como en Derrida el trabajo fundamental es de espaciamiento, que la reiteración por trabajo del espaciamiento genera un antes y un después. A esto se lo denominaba trabajo de la *diferancia*.

Según Castoriadis la diferencia es identitaria-conjuntista. La diferencia opera productivamente a partir de elementos dados y según leyes dadas. La alteridad en cambio es indeducible, irreductible e improducible, sólo pensable en relación a lo otro.

La alteridad es unidad fragmentada, como autoalteración: creación y destrucción de formas. En cambio la

diferencia es multiplicidad como unidad, donde existe la identidad, la persistencia y la repetición.

Tanto la sociedad como el sujeto se crean sobre las dos dimensiones entrelazadas, la dimensión conjuntista identitaria y la dimensión imaginaria, alteridad y diferencia. **Esta no es una distinción menor o sofisticada, ya que la alteridad permite entender la creación de significaciones nuevas. Con la diferencia solamente no se puede entender la novedad, ya que se da sobre la base de la reiteración. Es la alteridad la que permite entender lo nuevo.**

De esta manera quedan expuestos los principales ejes que tomaremos posteriormente para analizar las producciones infantiles ya sean de fantasías o de teorías sexuales.

Partimos de la capacidad de figuración del aparato psíquico como producto del encuentro de la pulsión con el objeto. Pusimos énfasis en la fuerza libidinal o inscripción del cuerpo de la zonaobjeto. La intensidad de la fuerza produce las primeras huellas que son escritura, inscripción de huellas. Teniendo en cuenta la postura de Castoriadis, señalemos que estas primeras representaciones son creaciones, es emergencia de una modalidad propia de lo humano que es la figuración, la puesta en imágenes. Esta primera forma tiene la característica de ser unitaria o totalizante. Para Lyotard y Derrida, operan en principio esquemas de separación, que producen estas primeras configuraciones. Son modalidades de separación como esquema de disyunción o separación no opositiva. Para Derrida estos esquemas son funciones de la diferencia. Para Lyotard se constituyen en los tensores libidinales que son efecto de la fuerza pulsional y que se articula en la dialéctica de Eros y Tánatos, como reunión y separación. Para Castoriadis los esquemas de separación son función de las significaciones imaginarias sociales, que exigen a la psique salir de su sentido monádico y construir sentido socialmente significativo.

Esta diferencia fundamentalmente entre Derrida y Castoriadis nos marca una modalidad diferente de concepción de lo espacio-temporal. Para el primero, el espacio por repetición constituye configuraciones. Hay predominio de lo espacial y ligazón posterior con la temporalidad. En Castoriadis en cambio, es el tiempo como alteridad, como emergencia creadora, que marca un predominio de lo temporal, a partir de lo cual el espacio se constituye. Tomaremos esta postura respecto de este tema, que veremos posteriormente como se articula en la propuesta de André Green.

Respecto de la producción de sentido, tanto en Derrida como en Lyotard, la representación implica una matriz de sentido, en tanto sustitución de una presencia plena. La ausencia (como función de la pulsión de muerte) dado que es imposible por la modalidad propia de la representación, repetir lo idéntico, genera signos. El "en vez de", propio de la representación, es capacidad de significación. Para ambos autores esto se abre con las primeras huellas y las primeras configuraciones, cuyo sentido será otorgado posteriormente cuando el psiquismo esté en condiciones de dar sentido a partir del lenguaje.

Castoriadis agrega que las primeras formas, por ser puesta en relación de elementos, poseen un sentido que es de totalización o monádico. Que una vez que ingrese el esquema de separación identitario-conjuntista dado por el lenguaje, se creará sentido socializado, ligado a las significaciones imaginarias sociales.

Señalábamos anteriormente con André Green, que las primeras representaciones son huellas de investiduras significativas, con potencialidad de significar.

Trabajaremos en consonancia con los autores citados, señalando que las primeras representaciones

son formas primeras con escasa estabilidad, pero como señala Castoriadis, son formas-configuraciones. Son creaciones ligadas a la zonaobjeto y cuyo primer sentido es la totalización, el mantener unido. La ligazón con la representación de palabra producirá nuevas configuraciones cuyo sentido será otorgado cuando el yo pueda asumir esa capacidad, ligada al funcionamiento del lenguaje como sistema.

Son estas primeras formas lo que podremos analizar con las fantasías y teorías sexuales infantiles.

André Green menciona que la representación ficcional es el requisito para que haya transicionalidad, ya que ella es portadora de una doble negación: a) la representación no es la cosa y b) el objeto que la aporta no se identifica con ella.

Profundizaremos las formaciones ficcionales como producto del encuentro de la pulsión con el objeto, considerando este encuentro-desencuentro como el terreno que engendra representaciones y las complejiza.

Es importante señalar que para los autores que venimos trabajando, es sobre la base de la capacidad representativa que va a poder operar el lenguaje. La representación da lugar al "en vez de", a la sustitución, marca los primeros signos. El lenguaje como sistema articulado, con oposiciones sistemáticas, va poder operar porque primariamente el psiquismo es en términos de André Green "capacidad de representancia".

1.5. La función encuadrante: el funcionamiento de la representación y el afecto

Vamos a exponer a continuación, los desarrollos de André Green acerca de las modalidades de la representación en este proceso de inscripción de primeras huellas que él denomina de indiscriminación-discriminación afecto-representación.

El objetivo es ubicar el problema del afecto que ya se trabajó como fuerza en Derrida o como intensidad libidinal en Lyotard. El afecto nos lleva a plantear la función del objeto y fundamentalmente la función encuadrante que será el marco para el trabajo de nuestra matriz simbólica.

Anteriormente mencionábamos que el psiquismo para Green se define como el resultado del encuentro entre dos cuerpos donde uno está ausente. En esos primeros momentos, el producto del encuentro produce formaciones psíquicas donde hay indiscriminación y a la vez discriminación del afecto y la representación. Ambos son constituyentes del representante pulsional. En la definición mencionada el autor (tal como lo proponen todos los autores desarrollados anteriormente) marca la relación con lo corporal.

Sin dejar de explicitar permanentemente la complejidad del tema del afecto, reafirma en sus escritos recientes que el representante psíquico de la pulsión (unidad psíquica mínima) presenta dos dimensiones: un representante-representativo y un representante-afecto, ubicando así al afecto dentro del circuito del funcionamiento representativo, aunque con sus características propias. El afecto abarca un campo que va desde el cuerpo al lenguaje.

Según Green (1999) y siguiendo a Freud, encontramos tres niveles cuando hablamos del afecto: a) un proceso de descarga corporal, b) la percepción de la descarga y c) la cualificación de la descarga. En cada uno de los niveles se avanza en la tópica psíquica desde el ello al yo.

Respecto de su problemática dinámica, en paralelo con la tópica, el afecto va desde modalidades de difusión masiva a la definición de su cualidad específica como emoción o sentimiento.

El autor enfatiza que la moción pulsional una vez que se haya encontrado con el objeto, dará lugar al afecto. El afecto es investidura de la representación del objeto. En sus propios términos "el afecto es un derivado del movimiento en busca de una forma" (Green, 1999: 34).

Del encuentro entre las excitaciones que provienen del cuerpo y las huellas ligadas a la satisfacción, va a nacer la diferenciación entre el representante-representación y el afecto. Se abren entonces los fenómenos y procesos que se denominarán formaciones intermediarias, que son mixtos entre la representación y el afecto, cada vez mas diferenciados a medida que avance la elaboración psíquica.

Hasta aquí hay coincidencia con los conceptos trabajados anteriormente pero se quiere marcar el trabajo que ha elaborado el autor de manera específica respecto del afecto, ya que será fundamental para analizar posteriormente la dimensión afectiva de las fantasías infantiles. Si bien este aspecto fue tenido en cuenta por Castoriadis respecto de los procesos de figuración de la psique, el énfasis quedó del lado del representante representación y no se incluyó conceptualmente la dinámica del afecto.

Para Green el afecto es un proceso que va del interior a la periferia, que tiende cuanto menos elaborado está (menos ligado y cualificado) a la difusión y a la extensión de las fronteras del psiquismo. Este fenómeno se produce básicamente cuando el yo, se ve desbordado, pierde el dominio de las excitaciones y ve amenazada su integridad, no pudiendo mantener al afecto en la esfera psíquica. El afecto puede tener destinos diversos. Los mecanismos de defensa son las operaciones que desarrolla el psiquismo, fundamentalmente reaccionando a la angustia, para transformar el afecto. Son modos de trabajo que implementa el psiquismo, con distintos grados de elaboración, que mantienen la problemática en el nivel de lo psíquico. Muy distinto resulta cuando se desbordan los límites psíquicos y se produce una expulsión por el acto o una somatización.

Es en este punto donde tiene una importancia fundamental marcar la función del objeto o tal como la denomina Green, "la función objetalizante". Esta función tiene dos dimensiones: una es la de ligazón y la otra es la capacidad sustitutiva.

En un principio, la madre actúa sobre esa totalidad indisociable que es la investidura-respuesta interna-respuesta externa, tendiendo a generar estabilidad en las investiduras.

Ese primer conjunto de investiduras estables conformará los primeros momentos del yo y del objeto. Objetalizar implicar generar investiduras estables, ya sea como formación interna o externa.

Estos primeros momentos constitutivos del yo implican un trabajo de enlazar el placer con el objeto, a través de la proyección del placer de la zona erógena sobre el objeto.

Al proceder así, el yo ha encontrado la manera de ligarse a la zona erógena y de asegurarse el apego al objeto.

Primeros esbozos del yo y del objeto en una ligazón interna y externa donde la relación con lo alucinatorio aparece como exigencia de repetibilidad e instauración del principio del placer.

La ligazón originaria implica la estabilidad de un conjunto o un haz de sentidos, ligados a la experiencia de satisfacción, que da al sujeto un mínimo de recursos para responder sobre la base del principio del placer.

El objeto como soporte libidinal y narcisista, sostiene de una manera estable las investiduras y ofrece modalidades sustitutivas de representación que liguen los productos pulsionales. Ambas funciones del objeto, investidura estable y sustitución, se relacionan con la dinámica de la presencia-ausencia.

De esta manera, se produce internamente un trabajo de transformación de las mociones pulsionales con sus formas perceptivas y sus cargas, en producciones figurales, que permitiría las primeras ligazones en el inconciente.

Cuando las representaciones de cosa se ligan a las representaciones de palabra se forman las primeras producciones de las fantasías y se establecen los modos del funcionamiento preconciente. La ligazón con la representación de palabra otorga a la unidad una nueva dotación de sentido.

Esta función del objeto opera en el marco de "la función desobjetalizante", en el sentido que las pulsiones de destrucción amenazan permanentemente la capacidad de ligadura y sostenimiento de la investidura. En los modos de la presencia y la ausencia del objeto materno, se apoya también la capacidad de destrucción de las primeras formaciones psíquicas, cuando por "exceso" (Piera Aulagnier) de presencia o ausencia, el objeto no funciona como "suficientemente bueno" (D. Winnicott).

Entonces el objeto posibilita un doble trabajo: ligar las mociones pulsionales en representaciones de cosa (que implican el nivel del representante representación y el afecto) y transformar por la vía del lenguaje esas representaciones en representaciones de palabra, articuladas en las primeras fantasías.

Ahora bien, este trabajo no sería posible sin lo que Green elabora como "matriz encuadrante", que es condición de posibilidad para que el trabajo de la representación tenga lugar. Aquí nos remitimos al inicio de este escrito cuando hablamos de las primeras escrituras del cuerpo como bordes (Rodulfo). Para Green el sostenimiento del cuerpo del niño con el soporte del cuerpo materno produce inscripciones bajo la modalidad de la alucinación negativa. Son los modos de inscripción de la ausencia sobre la base de la presencia. Sostenimiento sin rostro que permitirá suspender la presencia plena (Derrida) y generar capacidad de representar.

El sostenimiento para Green genera un marco que, sobre la base de la alucinación negativa, será la pantalla en blanco sobre la cual se procederá al trabajo representativo. Este marco que encuadra las primeras investiduras del sujeto y les da estabilidad, es la matriz encuadrante que dará fundamento al modelo que presenta el autor acerca del "encuadre analítico".

La alucinación negativa implica un proceso de desinvestidura, ya que la ausencia materna se inscribe como retiro de la investidura de la presencia materna. La ausencia se inscribe sobre la base de la presencia con una modalidad que marca al aparato psíquico en sus procesos de separación y producción de diferencia.

Este es el modo en que se inscribe el trabajo de lo negativo en el sujeto y le permite constituir sus relaciones con el principio del placer y con el principio de realidad.

El afecto cuando funciona la constancia de las investiduras es la preparación anticipatoria del encuentro con el objeto, circuito que se desplaza y sustenta la actividad lúdica del niño. Juego que en términos de Winnicott es hallazgo y creación.

El afecto, ligado al cuerpo y con tendencia a la difusión, cuando se estabiliza, conforma un núcleo psíquico primordial funcionando con el circuito del placer-displacer. Es un circuito que liga al sujeto consigo mismo, por la vía del objeto.

Un segundo circuito se abre sobre la base del anterior cuando el afecto se expresa por medio de la emoción y genera una respuesta de parte del otro. El afecto circula en un doble circuito del sí-mismo y del otro.

A medida que el trabajo psíquico se complejiza, se van diferenciando tanto los productos psíquicos (representante psíquico, representación de cosa, representación de palabra) como las distintas instancias (inconciente, preconciente-conciente y ello-yo-superyo).

En ese trabajo de diferenciación es fundamental la función del objeto y en tanto se trata de diferenciación refiere al trabajo de lo negativo.

El trabajo de diferenciación intrapsíquico e intersubjetivo establece el denominado por Green, "Doble límite".

Este concepto implica, respecto del límite intrapsíquico, un trabajo de contrainvestidura, es decir a la capacidad de frenar las propias mociones pulsionales del sujeto, fijar las representaciones y sostener los procesos en el ámbito de lo psíquico, transformándolos en otros productos.

El primer límite funciona entre el inconciente y el preconciente-conciente, barrera que se abre con la represión primaria y que Silvia Bleichmar (1984) trabajó en relación al freno de la descarga directa de excitación ligado a las zonas erógenas y la motricidad, y lo que con Castoriadis mencionamos como dominio del placer de representación sobre el placer de órgano. Pasaje que no es directo ni automático sino que implica un trabajo muy costoso de freno y sustitución, donde intervienen tanto la función materna como paterna.

El segundo límite refiere a la separación del otro (la mayúscula hace referencia a la función y no un semejante), es decir en principio separación del objeto materno y entrada de la función paterna y posterior apertura al circuito del semejante.

Límite intersubjetivo, que se construye con los procesos de desinvestidura que produce la ausencia del objeto y que implican la capacidad ligadora del yo para

que puedan ser sostenidos, trabajando en el borde de sus límites y los del otro.

Green considera que la separación del objeto primario se puede efectuar en la medida que el niño tiene la capacidad de conformarse con sus propias producciones psíquicas, ya que éstas lo ponen en contacto con las exigencias de sus propias mociones pulsionales y con las limitaciones de la realidad.

Estas producciones intermedias son las formas intrapsíquicas que adoptan los denominados procesos transicionales conceptualizados por Donald Winnicott.

Que las formaciones intermediarias puedan anclarse en el psiquismo depende de la constancia y el mantenimiento de la investidura materna, que implica que dicha investidura pueda sobrevivir a los avatares de la relación, con sus correspondientes aspectos destructivos.

Este núcleo psíquico será el que otorgue la posibilidad de acogida de nuevos objetos y el despliegue de la problemática edípica.

Ambos límites se constituyen, funcionan en paralelo y son producto de los procesos de "triangulación generalizada con tercero sustituible" (Green, 1984/1995) en tanto que la triangulación opera desde el origen y no como momento posterior al establecimiento de una díada.

Con este concepto Green considera que en toda relación sujeto-objeto existe siempre el otro del objeto (que no es el sujeto), ya que cada objeto remite a otra cosa: la representación liga el sujeto a la cosa pero no es la cosa y liga el sujeto al objeto pero no es el objeto.

La representancia implica una estructura ternaria ya que en el encuentro desencuentro sujeto-objeto queda un resto que no es el objeto ni el sujeto y que se denomina otro del objeto. Este otro del objeto es un lugar sustituible. Ésta es la concepción que tiene el autor de lo simbólico, que permite entender también el circuito en que opera el lenguaje.

Tomando la propuesta de C. S. Pierce, plantea que en el representamen hay una relación triádica entre el interpretante y algún otro en posición de interpretar. Hay intérprete por el signo, no en el signo, para un tercero.

Green considera que ésta es la estructura de la representación y no sólo de la representación de palabra.

De esta manera concluye que el orden simbólico no descansa en el lenguaje sino en el conjunto de ligazones-desligazones y religazones que operan en las tres instancias del aparato psíquico, tanto en la primera como en la segunda tópica.

Entonces el lenguaje retoma, repite y transforma, conforme a sus propiedades intrínsecas la actividad de ligazón, desligazón y religazón. Esta última opera como relación entre relaciones del sistema y como tal se vincula al pensamiento y al funcionamiento que Green denomina de "procesos terciarios".

Para ejemplificar el funcionamiento de los niveles de representaciones articulados entre sí, expondremos el análisis que hace André Green acerca del juego de carretel o *Fort-Da* que describe Freud (1920) en *Más allá del principio del placer.*

Green (2001) considera que este juego ejemplifica la polifonía, o más precisamente poligrafía (en referencia a la escritura de las primeras inscripciones), de la articulación del campo de la pulsión con el lenguaje en su relación con la realidad.

Lo que el juego pone en movimiento, dice el autor, es que la madre puede ser significada metafórica y metonímicamente. El objeto significado lo es recurriendo a una analogía madre-carretel y se inscribe en la psique en una polifonía semántica.

Lo que se inscribe puede pasar por las mallas del **movimiento**: lanzar-volver a traer, de la **percepción**: aquí sí-aquí no, de **los afectos**: placer-displacer y de los fonemas del **lenguaje**: *Fort-Da*. Cada sistema semiológico conserva su especificidad, pese a que todos pueden comunicarse entre sí, interpenetrarse para dar contextura a la significación.

Esta perspectiva anuda la bipolaridad afectiva (placer-displacer) a la percepción de la presencia-ausencia del objeto, como co-génesis. Veremos posteriormente como se ligan y resignifican los niveles de la percepción-afecto y lenguaje en las fantasías y las teorías sexuales infantiles.

El sentido tiene alcance y propiedades diversas donde todos los aspectos deben ser considerados en sus atributos y articulados entre sí, entre ellos, señala Green, el registro fonemático es uno más y no el único modo en que se articula la significación.

1.6. Las fantasías sexuales infantiles

Expusimos anteriormente como la psique es capacidad de hacer surgir una representación. Castoriadis considera que es imposible pensar el problema de la representación fuera de la representación misma, ya que la representación es emergencia de un modo de ser único e irreductible. Este modo de ser constituido-constituyente será germen de los esquemas de figuración y por lo tanto del fantasear con sus productos propios.

Laplanche y Pontalis (1985/1986) señalan que las fantasías presentan un carácter organizador para el aparato psíquico y muestran una característica fundamental, que es según Castoriadis la que lleva la huella del arcaísmo, sin recurrir a las fantasías originarias. Esta marca o huella es el rasgo decisivo en las fantasías acerca de la imposibilidad de fijar al sujeto en una localización

definida, sino en términos de los autores "el sujeto está en todas partes".

Castoriadis considera fundamental esta huella porque expresa la modalidad propia de la fantasía en los orígenes que es la indistinción sujeto-objeto y es situación global escenificada.

La presencia de elementos de distinción, implica el funcionamiento del esquema de separación y en tanto tal, elaboración psíquica. El estado originario es escena total.

El papel de la huella arcaica es fundamental porque es la permutabilidad lo que posibilita el modo de ser de la fantasía y su significación para el sujeto. Por su modo de ser la fantasía presentifica y figura en la permutabilidad, una distinción que es distinción y reunificación permanente.

Cuando se hablaba anteriormente de la zonaobjeto, nos referíamos a esas formaciones que son representaciones de lo vivido como experiencia totalizante, como figuración-afecto a nivel intrapsíquico y como sujeto-objeto, intersubjetivamente. Es inclusión totalizante. Su sentido básico es permanecer junto a sí y en sí. Unidad que no es estable, que permuta y cuya estabilidad, como vimos anteriormente, está ligada a la función del objeto. El estado primero "originario" es irrepresentable, es la antesala de la diferenciación, pero es un modo de ser de la psique que deja su marca indeleble. Es la presentificación en la figura de la unidad del sentido y del placer. Esta es la huella de lo arcaico.

En este momento de indiferenciación, el sujeto dicen Laplanche y Pontalis, es la escena, se encuentra atrapado a sí mismo en la secuencia de imágenes.

Castoriadis (1975/1989) agrega que "el sujeto es la totalidad de los personajes de la escena y su organización. La emergencia de figuras tiene lugar bajo el dominio de la figura figurante de todo, a sí mismo, en la indistinción de sujeto-objeto, de actividad-pasividad y de interno-externo."

Enfatiza que este primer esquema de funcionamiento de la psique es la matriz del sentido que es la puesta en relación. Presentificación de algo que por su puesta en relación, por su vínculo, se liga al placer. Esta modalidad constitutiva es la que hace posible las formas de funcionamiento del pensamiento de la fantasía, que es la presentación de la unidad o sustitución de los contrarios, la identidad por contigüidad, por desplazamiento o condensación. No hay ni identidad ni diferencia.

Estas producciones infantiles de los orígenes se componen de aquello percibido, imaginado y vivenciado del cuerpo propio y de los padres. Experiencia de la sexualidad propia y de los padres.

Vamos a describir y por ende, volver sobre algunas cuestiones ya planteadas del proceso general de estructuración psíquica de los orígenes, para poder exponer luego las mediaciones que permiten a las fantasías constituirse.

Las fantasías producen una actividad de separación de las representaciones y una nueva organización. Tal actividad no sería posible sin un trabajo de separación, intrapsíquico e intersubjetivo. Se hace necesario desligar modalidades indiscriminadas de la representación y el afecto para religarlas en formaciones más complejas.

La desligazón tiene como función permitir la re-ligazón posterior, así como la representación sólo es posible en el trasfondo de la ausencia, de la a-presentación o la no presencia plena.

Esta es la manera en que Green interpreta a la "pulsión de muerte" como "trabajo de lo negativo" (1993/1995) que permite a las pulsiones de vida operar. Ahora bien, siempre existe el riesgo de exceso, como bien denomina Piera Aulagnier a estos procesos, que implican que el riesgo de desinvestidura por las vicisitudes de la funciones parentales (que van de la intrusión al abandono) siempre está presente. La destructividad puede llegar a dominar la actividad de los procesos psíquicos y dirigirse contra ellos cuando el objeto no puede sostener la investidura y la elaboración psíquica.

A medida que el psiquismo se complejiza, la escena va separándose en un sujeto, un objeto y una relación entre ambos. Sujeto y objeto son intercambiables, por lo tanto el sentido de la fantasía remite a la relación.

Aquí ya comienzan a operar los esquemas de separación, ligados a la inscripción de la presencia-ausencia.

Trabajo psíquico que opera objetalizando, es decir, produciendo investidura estable, fijando representaciones como figuras más definidas y poniendo estas formaciones a disposición del sujeto como fuente de placer.

Trabajo psíquico que opera en conjunto con el trabajo de lo negativo, que es desligazón e inestabilidad o ruptura de las adquisiciones psíquicas, cuando falla la función del objeto. Y como lo mencionó Winnicott, el objeto siempre falla.

Estas formaciones se irán complejizando cuando se liguen a las representaciones de palabra y el esquema de separación como actividad identitaria-conjuntista se va a ir desplegando como veremos posteriormente.

Tomaremos aquí los desarrollos de Piera Aulagnier (1975/1977), quien trabaja este momento de constitución del aparato psíquico como pasaje de lo originario a lo primario, que nos permitirán desarrollar las mediaciones propias de este proceso.

La autora considera que la entrada en funciones de lo primario es consecuencia del reconocimiento que se le impone a la psique de la presencia de otro cuerpo y por ende de otro espacio separado de éste.

En las primeras formas autoengendradas de la representación, no hay separación. En cambio la escena implica separación, como puesta en relación de dos espacios corporales y por ende psíquicos sobre la base de la ausencia y el retorno pero agrega con énfasis, sometidos al deseo de uno solo.

Entonces, entre el pictograma y el fantasear propio de lo primario hay reconocimiento de un espacio exterior, el cuerpo materno.

Será la escena primaria la que otorgue una relación causal a la separación de cuerpo materno. La escena primaria es la primera relación causal entre lo que experimenta el que mira la escena y lo que aparece en ella y el sujeto es inducido a admitir la existencia de la pareja parental en el exterior.

A partir de esta inscripción toda unión y separación será comprendida en términos de amor y odio y será el esquema de respuesta para todos los interrogantes del sujeto: interrogantes sobre el deseo, el origen, el espacio corporal y el espacio del otro.

El amor es unión de partes del cuerpo y el odio rechazo. Modelo que implica que hay una parte del cuerpo que penetra en él y se unifica en el amor y rechazo y anhelo de destrucción de partes del cuerpo, en el odio.

Vemos cómo Piera Aulagnier parte de la separación del cuerpo materno y lo liga al reconocimiento de una realidad exterior (ya sea del cuerpo o del deseo).

Tal como venimos exponiendo, los procesos de separación son muy costosos para el aparato psíquico y más aun reconocer un espacio exterior.

Castoriadis señala que es la proyección la que marca el límite de la omnipotencia propia y la definición de la omnipotencia del otro, constituyendo una tríada fundamental en toda fantasía que es sujeto-objeto-otro.

Aquí señalamos la primera diferencia: ya que la actividad proyectiva incorpora al otro en la escena pero no implica reconocimiento del espacio exterior.

Esto trae profundas implicancias para la concepción de las fantasías, ya que su modalidad básica es de indistinción y ligazón con los movimientos pulsionales básicos.

No hay separación en las representaciones ligadas a la separación del cuerpo materno sino proyección que arma escena en la modalidad de la indistinción.

Esto significa que las fantasías son producciones muy ligadas a los movimientos pulsionales y por ende inestables en sus productos siendo su sentido monádico.

En el capítulo de fantasías originarias se cuestionaban los recursos del sujeto para pensar la escena primaria. Volvemos sobre esta cuestión. ¿Cómo puede un sujeto en los orígenes "reconocer el espacio exterior y ligar una causa a la pareja parental"?

Es la problemática que se ha planteado anteriormente respecto de los esquemas de separación y la diferencia. Se señalaba como la diferencia no es un concepto *a priori* que pone en movimiento espontáneamente como trazado de las primeras inscripciones (Derrida) ni se inscribe como separación directa del otro (ya sea como cuerpo o como deseo) sino que es una producción compleja intrapsíquica, que implica al otro en las vicisitudes de la pulsión y el trabajo de lo negativo.

El sujeto de los orígenes cuenta con representaciones de cosa indiscriminadas con el afecto, ligazones con las representaciones de palabra como imágenes acústicas, producto de la voz materna y significaciones monádicas.

El sujeto es escena desde el inicio (esto marca una diferencia conceptual con el pictograma) pero escena total. Esta escena se va discriminando ligada a los movimientos pulsionales. La proyección en primer término instala el circuito triádico sujeto-objeto-otro pero sin organización estable y con sentido propio.

La pregunta que surge entonces es: ¿cómo se complejiza la escena? ¿Cómo se separan internamente representaciones, se fijan y adquieren un sentido estable? En definitiva ¿cómo se despliega la potencialidad significativa de las huellas?

Piera Aulagnier agrega que la fantasía remodela un fragmento del mundo reconocido como exterior aunque adecuado al propósito del deseo. La certeza de la existencia del poder del deseo del otro es la necesidad lógica para la actividad de la fantasía. La introyección y la proyección ponen en relación el placer del sujeto con el deseo del otro.

Este fragmento nos permite afirmar junto con la autora que los movimientos pulsionales de proyección e introyección ponen en relación el placer del sujeto con el objeto reconfigurando las primeras ligazones que los rudimentos del yo ponían en relación entre el placer de las zonas erógenas y el objeto. Estas primeras ligazones de la experiencia de satisfacción producían el modo del apego al objeto.

André Green (1972/1994) afirma que en la forma más elemental de la pulsión, lo proyectado es lo indeseable que establece una primera diferenciación adentro-afuera. El afuera es excorporación, sacar fuera del cuerpo. La proyección propiamente dicha se constituye cuando hay plano proyectivo y se admite y acoge lo excorporado. Es la excorporación la que permite *après-coup* constituir la incorporación previa del objeto (las primeras ligazones de zona erógena y objeto), ya que el circuito del placer se instala a partir del displacer.

De este desarrollo deduce Green que la proyección nace junto con la escisión, es decir división entre un adentro y un afuera, entre un yo y un objeto. El mecanismo mencionado transforma lo proyectado en percepción.

Es la separación del objeto como límite a la omni-potencia del sujeto que produce los movimientos de escisión que dan lugar a la proyección e interponen entre el sujeto y el objeto, al otro y despliegan la escena. La escena no lleva al reconocimiento del espacio exterior, sino al ingreso del otro en la escena bajo los modos de la totalización e inestabilidad propia de la fantasía.

Si bien, como señala Aulagnier (1986/1994), el sujeto desconoce quien dirige la escena, la misma se compone con predominio de las modalidades pulsionales y representa-tivas del fantaseador y no como inscripción de esquemas ligados a la realidad de la pareja parental.

La separación del cuerpo materno no induce al reconocimiento de un espacio exterior como prueba del principio de realidad, sino a un proceso de escisión, que produce los efectos del trabajo de lo negativo sobre las representaciones, del mismo modo que las primeras separaciones daban lugar a la alucinación negativa.

Como veremos posteriormente con las teorías sexuales infantiles, el funcionamiento de la percepción requiere de un arduo trabajo para que se produzca reconocimiento del exterior. En la fantasía el exterior es un producto de la proyección, así como en un primer momento la percepción del placer de las zonas erógenas se proyecta sobre el objeto.

Se pone énfasis en que no hay percepción exterior que funcione autónomamente, en este período de constitución del aparato psíquico, ya que como señala Green (1993/1995) la alucinación negativa compromete desde los inicios la relación con la realidad. Antes de aceptar la realidad, el sujeto produce múltiples movimientos de desinvestidura y de escisión, destinados a preservar la relación con el placer.

La proyección, y por ende la escisión interna, da lugar a los movimientos pulsionales del doble trastorno: transformación en lo contrario (activo-pasivo) y vuelta

sobre sí mismo (entre yo y el otro), que le dan a la fantasía su modalidad propia: inestabilidad y permutabilidad de los lugares en juego.

La relación con el placer se sostiene con el costo del trabajo de lo negativo, ya que los movimientos pulsionales ingresan al otro en la escena e intercambian los lugares, dejando como marca el masoquismo primario.

Castoriadis precisa que, en este momento el placer deja de ser autoerótico como circuito cerrado de la libido sobre sí misma y adquiere un carácter articulado en y por las formaciones de la fantasía en las que el otro resulta figurado como objeto de deseo.

Ahora bien, estos mecanismos pueden operar cuando las representaciones de palabra comienzan a ligarse a las representaciones de cosa de manera más estable por la vía del lenguaje y operan una mutación en los procesos representativos.

El otro en tanto que habla, designa y significa al niño, a los objetos y a si mismo, provocando reordenamientos decisivos en la estructuración psíquica del niño.

Anteriormente habíamos señalado la importancia que otorga Derrida a la voz materna, en tanto inscripción de una no-presencia plena y por ende portadora de la significación originaria, del "en vez de".

Piera Aulagnier considera que la voz materna vehiculiza sonidos en principio carentes de sentido, que serán fuente de placer o displacer y que la zona auditiva se rige en lo originario con la misma modalidad de las zonas erógenas. Posteriormente en el pensamiento primario para el fantaseante, esas huellas ligadas a lo auditivo se convertirán en signo del deseo materno. Los signos primarios son el núcleo a partir del cual se elaborará y se organizará el lenguaje como sistema de significación.

Según la autora el lento trayecto que va de la percepción de una sonoridad a la apropiación del campo semántico puede dividirse en tres fases, cada una de las cuales le otorga a lo oído y al acto de enunciación funciones específicas que se adecuarán a las metas de los procesos propios de estas tres actividades psíquicas: el placer de oír, el deseo de aprehender y la exigencia de significación como objetivo de la demanda del yo.

Para Lyotard, todas las intensidades libidinales generan signo como aplazamiento infinito de la presencia. Para el autor, el no introduce la alteridad en el discurso e implica que el yo puede adoptar un lugar en el discurso en relación al tú.

Considera que la pulsión en contacto con grupos de relaciones que forman sistema produce mutaciones. Tal es el caso del modelo del *Fort-Da*. Por un lado marca de pares opuestos de las representaciones de palabra e ingreso a la significación como oposición. Por otro, pares que marcan signo que es escena, en relación a la aparición desaparición del objeto e ingreso a la designación.

El *Fort* para Lyotard cumple la función del no ligado a la ausencia materna e instituye la negación discursiva.

Aquí nuevamente retomamos lo que desarrollamos en los procesos de figurabilidad para poner énfasis en la articulación de la representación de palabra.

Como observamos todos los autores consideran al lenguaje en su dimensión de representación, en tanto que enfatizan la marca de la ausencia.

Las primeras representaciones de palabra aparecen ligadas al modo de la representación de cosa, ya que se trata de marcas de la voz materna y la voz propia, que ingresa en los modos de la figurabilidad.

Rodulfo ubica la voz como espacio donde se sitúa el relato como fenómeno de trazo y considera que la voz se vuelve entonces una hoja donde escribir palabras y agrega que va a ser como fenómeno de trazo que se desarrollará todo el plano estratificado de la actividad de la fantasía que en términos de Freud es "mestiza" ya que implica imagen y palabra.

Cabe exponer entonces como la representación de palabra adquiere un modo de funcionamiento propio e instala el circuito del discurso.

Anteriormente nos referimos a la poligrafía que implica la articulación de la pulsión con el lenguaje. En este sentido André Green (1984/1995) considera que "lo que le otorga un valor semántico a la pulsión es su relación con el objeto según el modo de la incorporación-excorporación".

Este nexo adopta la función del juicio de atribución, que somete a su jurisdicción a los demás aspectos de la oralidad. El habla, sometida al mismo par de la polaridad, emisora-receptora genera una inversión de la relación entre la fuerza pulsional y el aspecto simbólico que pasa a ser dominante.

La pulsión ha sufrido una modificación económica (reducción cuantitativa y transformación), tópica (pasaje al yo) y dinámica (semantización del conflicto).

El lenguaje dirá la fantasía sin saberlo y en función de esta exteriorización la palabra formulará y formará la fantasía dándole una nueva forma que sólo el lenguaje puede imprimirle.

Sin embargo agrega Green, para ello la fantasía deberá renunciar a su parte más imaginaria (más ligada a la pura representación de cosa), dejando afuera parte de lo vivido. Y señala que lo que debe tenerse en cuenta es que ninguna representación es enteramente transferible en el lenguaje o por la palabra. Con cada tentativa de transferencia, algo se pierde y algo se gana y con ello tiene que ver lo irrepresentable.

Las distintas fases de las fantasías que Freud analiza y que Lacan retoma en el análisis del fantasma, se constituyen en relación a los procesos de verbalización. A medida que las escenas se ligan a formas verbales se hacen decibles.

No consideramos aquí una lógica de la fantasía, sino que analizaremos sus formas más primarias de constitución ligadas al juicio de atribución, a los movimientos de escisión que marcan la coexistencia del juicio de atribución con el de negación, en paralelo con lo que se mencionaba de las formas propias de indistinción-distinción y permutabilidad.

Las representaciones de palabra tendrán también el sello de lo primario, en tanto modalidad y sentido totalizante y pasaje a un funcionamiento posterior de identidad y diferencia. En la medida que estos procesos se desarrollan, se va dando lugar a las formaciones intermedias con mayor discriminación de la representación y el afecto. Se limita así la difusión del afecto y se lo sostiene en el terreno psíquico.

Estas formaciones propias del preconciente son las que constituyen la materia del yo para pensarse a si mismo, ya no solamente como conjunto de investiduras estables sino en su relación con la pulsión, el otro y la realidad.

Retomando el trabajo de André Green, se puede afirmar que **el lenguaje se constituye sobre la base o como apoyo en el par oído-boca. Existe un circuito retroactivo en el cual la voz vuelve sobre los oídos, de lo que resulta una escisión destinador-destinatario o emisor receptor con inversión de las posiciones.**

Sin embargo, el lenguaje constituye una potencialidad estructural que sólo se vuelve operatoria por mediación de un locutor, que dispone de la palabra y desarrolla un sistema lingüístico.

Es necesario que el niño sea remitido a la institución social de la significación y a la significación como instituida y que no dependa de ninguna persona en particular ("lenguaje fundamental" en Piera Aulagnier o "significante del nombre del padre" en Jacques Lacan o "legein" en Cornelius Castoriadis).

Los núcleos de representaciones de cosa como unidades totalizantes que llevan la marca de lo arcaico, quedarán fijados como núcleo activo del Inconciente una vez que la represión primaria comience a operar, separando de éste al sistema preconciente-conciente.

1.7. Teorías sexuales infantiles

Aquí nos encontramos ya con el niño teorizador, quien debe esperar hasta adquirir la capacidad de síntesis imaginaria y lógica fantasmática para poder producir esas teorías.

Veremos cómo el niño de las fantasías puede empezar a producir teorías ya que no se trata de una actividad espontánea que surge del funcionamiento pulsional, sino que se trata de una nueva actividad.

La función objetalizante y el funcionamiento del doble límite darán los recursos necesarios para que los procesos de separación y ligazón de las representaciones se constituyan y complejicen.

Entre las fantasías y las teorías sexuales infantiles se produce una organización de mucha mayor complejidad, como consecuencia del trabajo psíquico del niño.

Ahora bien, ¿de qué se trata esa transformación entre un producto y otro? ¿Qué nuevos recursos de trabajo psíquico son necesarios para que una teoría se constituya? ¿Por qué se estructuran y cuál es la función de las teorías sexuales infantiles?

Vamos a volver sobre los procesos de figuración más básicos que trabajamos anteriormente y explicitar los desarrollos de otros autores, para poder situar estas preguntas.

Expondremos la crítica a cada una de estas posturas para desarrollar luego las cuestiones principales que nos permitirán definir a las teorías sexuales infantiles.

Freud en su artículo de 1908, considera que las teorías sexuales infantiles aparecen frente al apremio de la vida para formular una pregunta acerca de los otros niños y fundamentalmente frente al nacimiento de un hermanito. Se trata de una enunciación con una concepción balbuceante de la causalidad, con el objetivo de tranquilizar al psiquismo del caos de la incomprensibilidad.

Piera Aulagnier en la misma línea de reflexión, considera que la actividad fantasmática tiene la función esencial de proporcionar al psiquismo una interpretación causal. La transformación tanto de la vivencia de placer como de sufrimiento en una relación causal o más específicamente como causa conforme a un deseo. La causa es un mediador que liga lo vivenciado al deseo humano y por ende, en primera instancia al deseo del otro.

La actividad fantasmática reorganiza la actividad pictogramática y dará nuevos recursos de mediación para lidiar con el conflicto de la psique-cuerpo-realidad exterior y podrá encontrar el deseo de un yo como causa.

Vemos en esta autora un énfasis puesto en la remisión a la causa ligada al deseo. Discriminación del deseo del otro y del propio yo. Actividad productora de sentido para el propio yo del sujeto. Es aquí que tienen una importancia primordial las teorías sexuales infantiles ya que permiten al yo enunciar su propio origen y dar cuenta de la diferencia.

César y Sara Botella (2001/2003) se han dedicado a trabajar los procesos de figurabilidad psíquica en la misma dirección de los trabajos de André Green. Estos autores ponen un especial énfasis en que para el sujeto humano el desamparo no está ligado a la pérdida del objeto sino a la pérdida de la representación (producto del encuentro cuerpo-psique-mundo).

De esta manera consideran que el niño que se responde al enigma de dónde viene este niño (en relación a un hermanito u otro par amenazante del amor de los padres), movido por sus exigencias pulsionales, responde a la pregunta-enigma mediante un trabajo mental que es empuje de su capacidad de figurar.

El niño debe generar recursos para afrontar las vicisitudes de la desinvestidura de sus propios padres y de su propia tendencia a desinvertirlos, producto del displacer. Los autores enfatizan que el verdadero motor que impulsa la creación de teorías sexuales infantiles es el riesgo de desinvestidura de los objetos parentales de parte del niño. Consideran, en coincidencia con Piera Aulagnier, que la escena primaria debe ser considerada una teoría sexual y que es la primera que el niño se ve obligado a crear.

Ante la potencia sensorial de la figuración de las teorías sexuales sucesivas, se contrarrestan las ansias de percepción y surgirá la potencia de la creencia, subsidiaria de la convicción alucinatoria.

Como se puede observar, estos autores no dan un estatuto importante a la diferencia entre el nivel de la identidad de percepción (como primeras modalidades de la representación de cosa) o la elaboración narrativa, propia de los procesos representativos del preconciente. Consideran que un relato impregnado de figurabilidad posee la fuerza del impacto de la percepción. Obliga al espíritu a creer.

Aquí se pone en discusión y análisis los procesos proyectivos de constitución del adentro y del afuera y su consonancia con la continuidad entre la percepción y la representación.

Para dar cuenta de esas modalidades primarias del aparato psíquico los autores elaboraron una fórmula, a partir del trabajo de *La Negación* de S. Freud (1925), que permite sintetizar las modalidades propias de este proceso y es: "solamente adentro – también afuera", que explicita claramente el lugar del objeto a nivel intrapsíquico, cuando se va construyendo y complejizando la actividad representativa.

En la consideración de los autores, la figurabilidad es un concepto que excede al de puesta en imagen y es conceptualizado como un trabajo orientado a ligar elementos heterogéneos, con capacidad de integración y transformación de los mismos. Le otorgan un lugar fundamental en la reorganización de la vida psíquica.

La figurabilidad abarca un material que va desde la percepción sensorial e impresiones sensoriales del cuerpo, conjuntamente con restos sensoriales precedentes. El movimiento de integración y transformación de estos elementos en unidades más complejas, constituye el trabajo de figurabilidad. El resultado es una figura común de representación-percepción en la que, a medida que la psique se complejiza, se produce una mayor discriminación entre representación interna, percepción externa, aunque quede en el psiquismo el sello de la unidad de origen.

Es de este origen que deriva la convicción de la creencia, ya que la piensan como una proyección de la vivencia de continuidad representación-percepción sensorial, propia de las modalidades primarias constitutivas.

Para que la convicción pueda funcionar, se asocia a la negación, como par solidario que aparece frente a cualquier estímulo traumático y con riesgo de desinvestidura.

Negación de la realidad (de la desinvestidura del objeto) y convicción de la continuidad representación-percepción, permiten elaborar una respuesta que se puede insertar en los tiempos freudianos del ser y el tener (1938) y constituyen las primeras formas del principio de realidad. La prueba de realidad se ejerce en una doble convicción de que el objeto existe: "solamente adentro-también afuera".

Se trata de negar la percepción del objeto para investirlo como representación, reproducirlo como representación para poder reencontrarlo en la percepción.

La posibilidad de percibir la diferencia de sexos como falta sólo adviene con la convicción de que el objeto puede ejecutar la amenaza. La castración puede existir en la percepción porque existe en la representación. Es la creación-hallazgo propia de los procesos transicionales (Winnicott).

La distinción entre percepción y representación (que adquiere cierto funcionamiento autónomo a partir de la represión) es una tarea ardua y permanente del yo, que desaparece periódicamente en los procesos regresivos (tópica y dinámicamente) del dormir.

Según estos autores el traumatismo se desencadena cuando la capacidad ligadora del trabajo de figurabilidad fracasa y se produce una sobreinvestidura del polo perceptivo. Se trata de una no ligazón, de una dificultad de ligadura a través de la representación y de la dinámica de sus investiduras y trama. No se trata de la pérdida del objeto sino de la pérdida de la representación.La violencia de los afectos liberados desorganiza al aparato psíquico.

Estos traumas infantiles agregan están recubiertos por los traumas representables y reprimibles de los fantasmas originarios, con sus redes lógicas y de causalidad que proporcionan la salida para las neurosis traumáticas. Presentan un valor anti-traumático.

La escena primaria es la cara positiva, como representación del aterrador ni bebe ni mamá, desinvestidura traumática del objeto materno. El yo puede hacer frente a la ausencia y figurar una causa, emergente de lo negativo. Causa que permitirá el despliegue del sentido.

La breve exposición de estos autores nos pone de relieve algunos de los problemas que venimos trabajando hasta ahora y explicita problemáticas presentes en las teorías sexuales infantiles. Discutir algunas de estas cuestiones nos permitirá cercar nuestro objeto de estudio.

Tanto en los desarrollos de Piera Aulagnier como en los de César y Sara Botella consideramos que no hay una clara distinción entre las fantasías y las teorías sexuales infantiles y que se confunden ambos productos infantiles.

Coincidimos, como se señaló en capítulos anteriores, en el proceso de constitución de las primeras representaciones, en la intrincación pulsional de zonas erógenas con la percepción-representación y las características de las formas más primarias de los procesos psíquicos. Agregamos el énfasis puesto en los riesgos de la desinvestidura y la desligazón, que siguiendo a Green explicitan César y Sara Botella. Trabajaremos posteriormente la fórmula dada para los procesos de proyección y su relación con lo negativo y el principio de realidad.

Ahora bien, el problema se presenta cuando hablamos de las fantasías o las primeras formas de la figurabilidad como causas. La actividad fantasmática como puesta en juego de la causa del deseo del otro o del yo o la causalidad aportada por la escena primaria y los fantasmas originarios frente a la desligazón o desinvestidura del objeto materno.

En el caso de Piera Aulagnier, tal como lo expusimos anteriormente, consideramos que la capacidad del yo para elaborar causalidades y otorgar organización y por ende sentido al psiquismo, es más propia y específica de las teorías sexuales infantiles y no de toda actividad de la fantasía.

En el caso de César y Sara Botella, se considera que el riesgo de desinvestidura no es el único motor del psiquismo para la producción imaginaria y tal como lo expusimos con Castoriadis, la función de la imaginación radical, o con André Green, la capacidad de representación del aparato psíquico, es el modo propio de funcionar de lo psíquico y no solamente referencia a los procesos de desinvestidura.

Como ya vimos respecto de los fantasmas originarios, los autores no explican cómo es que un psiquismo con pocos recursos representativos puede ligar una formación tan compleja como la escena primaria. **Hay un salto que no consiguen explicar entre la pura desligazón traumática y la organización ligadora de la escena primaria.**

En esas formas intermedias ubicamos a las fantasías, que sin tener organización ni contenidos fijos y estables, permiten a la psique ligar representaciones de cosa y de palabra, están vinculadas estrechamente con los movimientos pulsionales y dan cuenta de estos primeros momentos del adentro-afuera, donde como bien mencionan César y Sara Botella no hay discriminación entre percepción y representación.

Las teorías sexuales infantiles generan un momento de reorganización psíquica muy complejo. Las causas se despliegan, la percepción se liga a la creencia y les da una modalidad particular de explicación "lógica". Representación de palabra y de cosa siguen en tensión y los movimientos defensivos de la negación y la escisión le darán sus formas propias.

Sus contenidos estarán referidos a las vicisitudes del cuerpo propio y de los padres en el marco del despliegue del complejo de Edipo.

André Green (2000/2001) considera que la función de la teoría sexual, en coincidencia con lo que plantean los autores mencionados anteriormente, es preservar al psiquismo del caos, la incomprensión e imprevisibilidad. Su valor, menciona, estriba en que la causalidad de los orígenes es una fantasmática del cuerpo sobre el cuerpo y los cuerpos, entre los que se incluyen a los padres.

Agrega que se trata de una fantasmática del cuerpo a causa del placer sentido al poner en actividad la sexualidad, sobre el cuerpo a partir de las preguntas sobre el propio placer y por ultimo de los cuerpos en alusión a lo femenino y lo masculino. **Lo vivido, lo percibido y lo imaginado convergen en la construcción del pensar, fuente de toda teorización.**

La percepción estimula el enigma y pone en movimiento la búsqueda psíquica, sólo pueden teorizarse los

finales y las aperturas de partida y muy poco el medio juego.

Una actividad semejante requiere sobre todo una elaboración de los datos de la observación, requiere una síntesis de lo visto y lo oído lo sentido en el propio cuerpo, lo imaginado, lo racionalizado, cercana a lo que se capta intuitivamente y que critique las insuficiencias o las contradicciones insostenibles del discurso parental.

Esas teorías son ya una actividad intelectual que abreva en las fuentes fantasmáticas y pulsionales.

En las teorías sexuales infantiles menciona Green:

> "el misterio tiene que ver con las funciones corporales y el erotismo asociado a ellas, en la novela son las identidades lo que constituye la materia del fantasma. En la primera es el cuerpo donde se representan los actos de la sexualidad imaginaria, solo cuenta lo que vincula al cuerpo del niño al cuerpo de los padres. Es un tiempo donde aún no hay historias de reyes y reinas como en la novela familiar, que tiene una calidad narrativa artística en tanto las teorías una actitud explicativa científica". (Green, 2000/2002: 58)

En lo que expusimos de los distintos autores están planteadas las principales problemáticas implícitas en las teorías sexuales infantiles, que retomaremos y desarrollaremos a continuación:

En primer lugar el problema de la **percepción-representación-imaginación**. Tal como se expuso con anterioridad, se considera que el aparato psíquico es un aparato de representación y que la representación se constituye a partir de las percepciones internas en los procesos de presencia-ausencia.

Tomaremos la fórmula dada por César y Sara Botella, "solamente adentro-también afuera", que marca la modalidad propia de los procesos representativos a partir de los procesos proyectivos que permiten ir discriminando adentro-afuera y por ende representación de percepción externa.

Es el funcionamiento de la represión primaria el que permitirá la discriminación estable entre ambas actividades psíquicas, en un momento posterior a la teorización que se abre en este período.

Momento de funcionamiento más complejo de los procesos de presencia-ausencia y de la capacidad de objetalización (como investidura y sustitución psíquica) que permitirá producir capacidad de separación tanto a nivel intersubjetivo como intrapsíquico.

Respecto de la imaginación, habíamos desarrollado que los primeros procesos representativos son productos de la imaginación y que la misma se va desplegando y produciendo formaciones propias como las fantasías, las teorías sexuales infantiles y la novela familiar.

Ahora bien, entre los primeros procesos de despliegue imaginario representativo y el funcionamiento del pensamiento que instaura la represión primaria, se constituyen los procesos propios de las teorías sexuales infantiles.

El niño teorizador se ubica en un momento de la estructuración psíquica muy distinto al cachorro humano de las primeras representaciones ligadas a la zonaobjeto, sin guiones de separación entre sus representaciones y muy distinto también al niño fantaseador que produce una actividad intensa y compleja de representación (al pintor en términos de Piera Aulagnier).

Decíamos anteriormente que en la producción de los autores mencionados, fundamentalmente en la conceptualización de Green y de César y Sara Botella, estos niveles se confunden.

El niño de las teorías sexuales infantiles es el que comienza a producir los recursos que traen aparejados los procesos de separación y por ende se da una relación muy particular entre la **representación interna y la percepción externa**, sin que se superpongan como sucedía anteriormente. En esta relación se intrinca la **creencia, que pasa a tener un papel fundamental posteriormente en los procesos ligados a las producciones del preconciente.**

Respecto del **enigma** se rechazan todas las posturas que hemos observado en gran parte de las teorizaciones sobre el tema, según la cual, los niños se preguntan a partir de los datos falseados de los padres.

André Green sigue otorgando un papel fundamental a las mentiras de los adultos. No son las falsas teorías parentales lo que estimula la producción de teorías sexuales infantiles. Tal era la postura en época de Freud. Actualmente los padres dan respuestas acordes y asimilables a las teorizaciones infantiles. En todo caso se podrá ver qué riesgos de exceso producen esas interpretaciones adultas.

Tampoco se considera, tal como menciona Freud (1908) en su artículo y que toman varios autores, que la percepción de un bebé, bajo los intereses egoístas, inicie la pregunta por el origen. Mucho menos como sostienen César y Sara Botella, que es la escena primaria la que inicia el proceso de figuración, por riesgo de desinvestidura.

En todo caso, será necesario explicar por qué puede aparecer una percepción y por qué necesita dar una respuesta teórica ya que los intereses egoístas podrían producir otras manifestaciones: excitación motora, enojo, llanto, ansiedad generalizada, etc.

Veremos **cómo el enigma puede ligarse a una percepción y explicitaremos por qué esta actividad antes era imposible, ya que no se podía discriminar ningún dato fuente de percepciones externas.** Esto está estrechamente ligado al funcionamiento del trabajo de lo negativo y la constitución del principio de realidad.

Respecto de la función de los procesos de desinvestidura, el proceso de producción representativa, como vimos anteriormente, es muy complejo y se da en las vicisitudes de la investidura-desinvestidura de los procesos de presencia-ausencia.

Que la representación surja en ausencia no implica que hay una amenaza de desinvestidura permanente, porque dependerá de la estabilidad de las investiduras que conforman el yo de los inicios (y por ende del sostenimiento de la función materna de tales investiduras) que se pueda desplegar la capacidad de representancia.

Es importante discriminar el riesgo de desinvestidura en los inicios del proceso representativo, de los procesos de desinvestidura cuando hay múltiples recursos de representación, como en el caso del niño teorizador.

En este sentido, no coincidimos en que todos los procesos de figurabilidad sean análogos o similares, es necesario discriminar la complejidad tópica, dinámica y económica de cada una de las producciones específicas de los orígenes.

Finalmente, **el problema de la causalidad**, asociado a las teorías sexuales infantiles. El niño teorizador no es un niño completamente caótico, sino que tiene capacidad de dar cierto ordenamiento a sus representaciones en fantasías más o menos complejas. No tiene por qué temer ni la desorganización ni la pérdida de investidura sobre las representaciones, ya que tiene un mundo fantasmático muy rico.

Entonces no se trata de defenderse del caos, ni de la desinvestidura ni de dar cuenta del deseo del otro. **Debemos comprender a las teorías en el contexto de toda la producción representativa del niño y del momento de su estructuración psíquica.**

Vemos en la producción tanto de André Green como de César y Sara Botella que pasan de afirmar la presencia en el psiquismo infantil de formaciones tan complejas como los fantasmas originarios, que coexisten con un supuesto niño caótico que se ordena cuando teoriza la sexualidad propia y de sus padres. **No se comprende cómo un niño puede de repente del caos empezar a teorizar.** ¿Cómo si es tan caótico puede registrar la complejidad de la escena primaria? ¿Cómo repentinamente se puede preguntar por la identidad y la diferencia, que ponen en juego las teorías sexuales infantiles?

Venimos fundamentando que es necesario partir de las primeras huellas, cargadas de sentido pero sin organización, para explicar todas las mediaciones necesarias para que el niño teorizador enuncie su teoría.

En todo caso también las fantasías, así como todas las producciones que ligan representaciones tienen como función dar orden al caos representativo de los orígenes.

Ahora bien, ¿por qué las producciones: de las fantasías, las teorías o la novela son distintas, en su forma y en sus contenidos?

Tomaremos los temas-problemas planteados: la relación entre percepción y representación, la creencia, el enigma que estimula la teorización y finalmente la función y contenidos de las teorías sexuales infantiles. Su desarrollo nos permitirá ir definiendo sus características principales y modalidades específicas.

- **Relación entre representación y percepción**: partimos aquí de las consideraciones dadas anteriormente acerca del funcionamiento de la representación como percepción sin fuente directa, sin presencia plena y su autonomía respecto de la percepción. A partir de los procesos proyectivos se irán discriminando percepción interna y externa de la representación. La proyección instala el circuito sujeto-objeto-otro que genera en principio modalidades indiscriminadas de representación-percepción, acordes a la fórmula: "solamente adentro-también afuera".

El despliegue de la función objetalizante y la constitución del doble límite, permitirán posteriormente ir
desplegando el polo de "también afuera" y constituyendo
un polo perceptivo más autónomo.

**Las teorías sexuales infantiles se ubican en un mo-
mento intermediario, donde si bien hay registro del
adentro y del afuera, el adentro moldea y ejerce presión
sobre la percepción externa.**

Estos procesos se relacionan con los movimientos
defensivos propios de este período de la vida infantil.
Anteriormente los movimientos pulsionales básicos de
vuelta sobre sí mismo y transformación en lo contrario
daban a las fantasías sus modalidades propias de inestabilidad y permutación. La percepción y el principio
de realidad se moldeaban en función de los procesos
representativos. La separación, y por ende el trabajo
de lo negativo, estaba al servicio de la identificación de
lugares en las fantasías: del sujeto, del objeto, de activo,
de pasivo.

Cuando las teorías se constituyen comienzan a operar en el psiquismo infantil el trabajo de lo negativo en
las formaciones que André Green (1990/2004) denomina
"defensas de lo negativo: la negación" (*Verneinung*) y "la
desmentida o clivaje" (*Verleugnung*).

Estas defensas para Green permiten constituir la categoría de lo negativo. Se caracterizan por la referencia
a un juicio de atribución cuya obligación es decidir por
un sí o no o por las diversas modalidades que tienen una
significación equivalente en la psique.

**Entonces, partimos de un inconciente donde no hay
negación a productos de mayor complejidad, donde el
trabajo de lo negativo puede operar para instituir procesos de separación o diferencia como se mencionaba
con Derrida, que permitan al psiquismo comenzar a
funcionar discriminadamente.**

Las fantasías generan lugares y relaciones sin estabilidad como formas de funcionar de la separación o diferencia de las primeras representaciones de cosa. Las teorías sexuales infantiles permiten producir un trabajo de separación que da lugar a la constitución del juicio de atribución y su negativo ligado a la constitución del principio de realidad.

La negación y la desmentida inauguran en el psiquismo infantil el funcionamiento del no de manera estable, de forma tal que pueda constituirse la contradicción.

El papel de la desmentida es fundamental en este proceso. Se trata de la afirmación o negación de un juicio de atribución referido a la percepción, sosteniéndose lo contrario en un enunciado que da cuenta de un fundamento.

La fórmula dada por J. Lacan para hablar de este proceso es: "lo sé pero aun así...". Vemos como con la desmentida se separan la percepción de la representación interna, lo que César y Sara Botella llamaban "solamente adentro" y aparece una referencia a la realidad de la percepción externa. Sin embargo, esta última está sometida y gracias a ello se puede afirmar, a los designios del mundo interno y sus representaciones.

Como producto de este proceso: discriminación-afirmación de la percepción, el niño se ve obligado a dar un fundamento. Se constituye el juicio de atribución y se lo mantiene de manera estable. Se constituye por ende un sí y un no. Por la estabilidad se constituye un modo de oposición, que en principio es de contrarios (una cantidad de atributos define una categoría y otros atributos distintos define otra categoría) y posteriormente es de contradictorios (un solo elemento diferencia dos categorías en tiene x elemento o no lo tiene).

Las modalidades de la atribución fueron trabajadas por Jean Laplanche (1980/1988) retomando la propuesta de O. Mannoni (1969/1990) respecto de la anticipación de la atribución en función de los contrarios en relación a la contradicción.

Laplanche considera que cuando se da atributos contrarios hay definición por el género en tanto que la contradicción es propia de la diferencia y hace a la relación con el sexo. El sexo se define a partir de un solo atributo que marca diferencia.

La desmentida como modo del trabajo de lo negativo instala la identidad y la diferencia y el proceso representativo se despliega para dar cuenta de esa diferencia como fundamento.

La complejización se produce en la medida que el niño cuente con mayores recursos de lenguaje que permitan dar lugar a estos procesos.

El no como recurso lenguajero ya es utilizado por el niño fantaseador que enuncia el no permanentemente. El paso de un nivel a otro de las fantasías, por ejemplo en el fantasma de fustigación que Freud analiza, es el no el que permite el pasaje de un enunciado a otro.

Ahora bien, en el niño teorizador, que cuenta con un yo más estable en sus investiduras, con mayor discriminación de sus límites y de despliegue de recursos dados por la identificación en forma de representaciones de cosa y de palabra, podrá darle al no una función de corte y estabilidad que antes no tenía aunque fuera enunciado.

La oposición fonemática del *Fort-Da* (el *Fort* que analiza Lyotard en la función de negación), el no enunciado del niño fantaseador y el no como identidad y diferencia del niño teorizador, implican actividades psíquicas diferentes del niño y si bien son correlativas al ejercicio de las funciones parentales, implican un trabajo específico que es necesario explicitar. El no de los padres está presente tanto en el niño fantaseador como el niño de las teorías, sin embargo tienen funciones diferentes.

La castración simbólica, como inscripción de la falta y por ende del funcionamiento de la diferencia, no funciona como efecto de una combinatoria de la estructura, ni como proceso de *insight*, ni como proceso histórico de la diferencia, sino que se trata de los modos complejos en que la castración como trabajo de lo negativo (procesos de ausencia-presencia y producción de identidad y diferencia), se va inscribiendo y funcionando en el aparato psíquico.

El trabajo de lo negativo no es un nuevo concepto que reemplaza a los anteriores, ni un principio regulador apriorístico, ya que opera íntimamente ligado a los esquemas de separación identitario-conjuntistas de las significaciones imaginarias sociales.

Julia Kristeva (1997/2001) considera que la castración simbólica es tributaria de la negación y el rechazo, dice que está preñada de separación y pérdidas (oral, anal, fálica). Pero su valor debe ser buscado no en el corte sino en la generación de la capacidad para pensar por qué esta negación lo que posibilita es el surgimiento de una pregunta.

Entonces, hasta aquí vemos cómo la desmentida permite sostener dos juicios de atribución y de negación, que marcan identidad y diferencia y que coexisten unidos por un fundamento. La posibilidad de dar un fundamento a la percepción hace que comience un funcionamiento relativamente autónomo de la misma y por ende esa percepción puede dar lugar a una pregunta.

La percepción de un bebé o del cuerpo propio o de los padres es posible porque el trabajo de lo negativo generó procesos de separación interna que permiten a la percepción funcionar en forma separada de las representaciones internas y a la vez se sostiene en ellas. **Los "intereses egoístas" generan una teoría sexual (y no un ataque de llanto) cuando se percibe un bebé, porque el niño cuenta con** los recursos internos representativos para sostener una percepción y renegarla con un fundamento.

Esa relativa autonomía de la percepción permite producir preguntas ligadas a ella y esto nos lleva al tema del enigma.

- **El enigma:** respecto del enigma hemos rechazado que se relacione con las falsedades parentales (Green) con los procesos de desinvestidura (Botella) o con la inscripción inconciente del enigma de la sexualidad parental que empuje a su metabolización como significantes enigmáticos (Laplanche).

 Tal como lo desarrolló Kristeva, se considera que el enigma, como toda interrogación, implica la capacidad nihilizadora del sujeto o lo que Green denomina trabajo de lo negativo.

 Se trata de un modo particular del nihilar que es la interrogación. La interrogación requiere un ser que interroga y un ser al que se interroga, implica una relación. La pregunta implica negación o rechazo de lo que se interroga.

 Para que exista una pregunta es necesario que aparezca algo que se negativice y que se sustituya por una pregunta. La pregunta aparece en la ausencia y esa ausencia es recubierta por la producción de sentido.

 Piera Aulagnier trabaja la caída de la certeza materna para dar lugar a la producción de sentido (y la circulación del deseo), que en principio es sentido egoísta o ligado a los intereses del yo.

 Es como se señaló anteriormente en las vicisitudes del complejo de Edipo, que se abre la posibilidad de enunciar una pregunta. Esto implica el funcionamiento de la triangulación y la apertura del circuito del deseo.

 A nivel intrapsíquico, el niño fantaseador tal como lo muestra el fantasma de fustigación, ya circula en los términos de la triangulación edípica en el sentido de plantear un niño, un padre y otro que mira la escena.

Sin embargo se trata de una fantasía sin pregunta. Se trata de un producto complejo que separa y discrimina lugares y sujetos: de activo, pasivo y de sujeto y objeto. Es un producto no estable que tiene varias formulaciones. Pero no da lugar a una pregunta.

La pregunta aparece cuando se puede "ver" y trabajar esa percepción con los recursos que da el funcionamiento del no como identidad y diferencia.

La castración no se constituye ante la percepción de los genitales femeninos, sino que, como dice Freud, esa percepción se liga a la falta porque ha sido enunciada la amenaza de castración previamente.

Se percibe lo que falta cuando los recursos internos así lo permiten. Y agregamos, se percibe la identidad y la diferencia cuando los recursos internos así lo permiten.

La pregunta se liga a la percepción de la falta (o más exactamente de la identidad y la diferencia) cuando los recursos internos dados por el trabajo de lo negativo así lo posibilitan.

Se trata de elucidar cómo el trabajo de lo negativo "trabaja" la castración, en el sentido que hay percepción de la falta y elaboración de un fundamento. La percepción significa que hay una reorganización interna de las representaciones que admiten una percepción semejante para luego desmentirla. Presencia perceptiva de la falta y desinvestidura de la percepción y por ende de un juicio de existencia, a partir de un fundamento ligado a la economía psíquica interna.

De esta manera se observa cómo la inscripción de la diferencia es producto de movimientos de presencia-ausencia intersubjetivos e intrapsíquicos, y no un principio general de funcionamiento en si mismo, como trabajo histórico (Derrida) o como efecto de la estructura (Lacan).

Así lo expresa André Green:

"Cada duelo es producto de un trabajo y este trabajo de significación es producto de una perdida y el reencuentro solo puede producirse por vía de las mediaciones que hagan intervenir la identidad y la diferencia. La perdida es condición de la puesta en juego de un sistema de trasformaciones del significante y el establecimiento de todo un registro de significantes, ya sea del orden de la representación de palabra, de cosa de afecto o estados del cuerpo propio. La dilucidación implica buscar bajo los vestigios de las huellas, mas allá de la combinatoria". (2000/2002: 21)

Los procesos internos de separación y diferenciación tópica, dinámica y económica, permitirán que, tal como venimos desarrollando con Castoriadis, los esquemas de separación identitarios-conjuntistas de las significaciones imaginarias sociales, se inscriban y organicen el pensamiento como pensamiento socializado.

Posteriormente, la represión primaria como forma de trabajo de lo negativo donde se separan los sistemas de manera estable, reorganizará las pérdidas y se constituirá aquello perdido para siempre, que en nuestro marco teórico señalábamos al principio como representaciones de cosa producto de las primeras investiduras del objeto que quedan como núcleo de lo irrepresentable en el Inconciente y que activará los procesos sustitutivos de la función objetalizante.

Volvemos a las huellas significativas que planteamos como conglomerados, que como esquemas se desplegarían en las formaciones del pensamiento de los orígenes, una vez que fundamentamos la dificultad de pensar las fantasías originarias como punto de partida.

El niño de las teorías sexuales percibe, imagina y explica acerca de la sexualidad propia y de sus padres. Los procesos de separación interna le permiten ver, preguntar por lo que ve y dar un fundamento que sostiene una contradicción.

- **La creencia:** se mencionaba anteriormente como la creencia según César y Sara Botella se relaciona con la cercanía entre percepción y representación. Dicen que de la potencia de la alucinación primaria se derivará la potencia de la creencia en las producciones figurales.

Contrariamente a lo que afirman los autores señalados, se considera que la creencia no está ligada a los procesos de figurabilidad propios de la representación de cosa, sino que **su fuerza proviene del despliegue del lenguaje y los nexos discursivos que permitirán recubrir de sentido propio subjetivo a las percepciones externas.** Castoriadis (1975/1989) establece una relación estrecha entre la creencia y las producciones lenguajeras con sentido monádico. La fuerza de la creencia se encuentra para el autor, en la clausura de sentido.

Se destaca de esta manera que la creencia refiere al sentido propio y subjetivo, que admite la percepción externa pero que la recubre de este sentido subjetivo y por lo tanto no está al servicio del principio de realidad, si bien se puede afirmar una percepción como externa ("también afuera").

La creencia implica la necesidad de estabilidad de las producciones psíquicas, por lo cual no es una modalidad que encontremos en la fantasía, ya que en ella se pueden sostener afirmaciones contradictorias sin conflicto, pueden estar superpuestas o ser simultáneas. No hay necesidad de recurrir a la creencia como fundamento porque no hay necesidad de fundamento.

La creencia implica el inicio del funcionamiento del no, que trae la posibilidad de pensar la diferencia y la contradicción pero la prueba de realidad es sentido subjetivo. La percepción externa es solidaria y está sometida a este sentido propio del sujeto. La creencia permite el funcionamiento del juicio de negación. El no se instala en el discurso.

Este es el sentido que tiene que la creencia sólo es posible por el trabajo de lo negativo ya que como desarrolla Kristeva (1997/2001) la negatividad pulsional engendra el símbolo de la negación como resultado de la nihilización de la cosa en provecho de su representación. **La creencia permite el funcionamiento del juicio de atribución y su negación, a costa del juicio de existencia.**

La creencia organiza de una manera muy específica el pensamiento del niño, ya que incluye a la percepción externa a diferencia de la fantasía, pero se la niega para sostener un sentido que es propio.

No hay un pasaje automático para afirmar "también afuera" ya que esta modalidad de desmentida de la percepción compromete la relación del principio del placer con el principio de realidad, y sin embargo es sentido abierto al afuera.

Será necesario que posteriormente se abandonen las formas de la creencia para que el afuera pueda ser afirmado en tanto tal.

- **La causalidad:** en la exposición anterior se afirmaba la importancia del fundamento para sostener la discriminación entre percepción y representación y fundamentalmente ligada a plantear cierta autonomía de la percepción externa.

El fundamento, puede ser más o menos complejo, sin importar su modalidad, permite sostener la separación entre la identidad y la diferencia de manera estable.

En las primeras formaciones de las fantasías no se despliegan causas sino relaciones inestables. El fundamento estabiliza las relaciones que se establecen en las teorías sexuales infantiles.

De esta manera dar un fundamento es ordenar porque estabiliza y no porque se generaliza. Los enunciados pueden tener o no una modalidad general porque es el

fundamento el que le va a dar validez universal al juicio que se sostiene como teoría sexual.

- **Sentido de las teorías sexuales infantiles:** tal como se desarrolló en el capítulo de fantasías originarias, partimos de investiduras significativas y de esquemas ordenadores vehiculizados por la sexualidad parental en el marco del complejo de Edipo y no de contenidos fijos específicos.

Si consideramos que las teorías sexuales infantiles son respuestas que implican la vivencia, percepción e imaginación de la sexualidad propia y de los padres, no tomaremos respuestas fijas y universales que tienen que aparecer en todos los niños por igual.

Las teorías sexuales valen por ser una producción compleja del psiquismo que refiere a la sexualidad. Por su modalidad, permiten pensar la diferencia tanto sexual como de generaciones. Permiten complejizar el pensamiento acerca del cuerpo propio desplegando los procesos ligados al pensamiento del espacio y el tiempo.

Tematizan partes y procesos del cuerpo, se relaciona entre sí el cuerpo de los adultos y con ellos el cuerpo del niño. Se da cuenta de los puntos de entrada y de salida del cuerpo materno y los procesos internos. Se intenta dar cuenta de la función del cuerpo del padre. **Este complejo proceso de pensamiento intenta dar sentido propio a la sexualidad del niño y ubicarla en la diferencia de sexos y de generaciones.**

Tal como menciona Piera Aulagnier (1975/1977), dar cuenta del origen es dar cuenta del origen del propio yo del sujeto. Entonces dar cuenta de la sexualidad es producir recursos para el pensamiento de sí mismo y en ese sentido recursos del yo para pensarse a si mismo de manera estable.

Teorizar no es ni generalizar ni enunciar las teorías que Freud señaló como "típicas" sino dar sentido a la

sexualidad propia a partir de un fundamento más o menos estable.

De esta manera consideraremos teorías sexuales a todos aquellos enunciados acerca de la sexualidad propia y de los padres que hagan referencia a la diferencia de sexos y generaciones.

Las teorías típicas pueden o no aparecer en las consideraciones de los niños, de forma tal que la teoría universal del pene no será la única manera en que un niño puede organizar su sexualidad, sino que veremos a las teorías como despliegue del proceso representativo propio de cada niño.

Esto no implica no tomar en cuenta esquemas ordenadores de la sexualidad, sino afirmar que como tales son esquemas y no contenidos y que como esquemas se refieren a los procesos de constitución psíquica desarrollados anteriormente como despliegue de los esquemas de separación, producto del trabajo de lo negativo, que permiten pensar la identidad y la diferencia de manera estable a partir de un fundamento. Estos esquemas se aplican a las representaciones ligadas a la sexualidad propia y de los padres que posibilitarán pensar la diferencia de sexos y de generaciones.

Las formas propias que adopten las teorías se referirán a las vicisitudes de cada niño en el seno del complejo de Edipo y de los recursos intrapsíquicos de que disponen para producir una interrogación y responderla.

Los esquemas ordenan dando recursos identitarios conjuntistas (Castoriadis) para dar sentido a la sexualidad pero el procesamiento es de sentido propio para el sujeto.

Es el funcionamiento el aspecto universal de las teorías sexuales infantiles y no los contenidos específicos.

El Edipo, según Green

> "es a la vez **estructura,** es decir combinatoria, en el juego que une al sujeto a la **diferencia sexual de los padres,** sujeto

de la relación con lo idéntico y lo diferente y también sujeto de la **historia,** implica el **desfasaje de las generaciones**, ya que cualquier reducción de la distancia que implica las edades es imposible". (Green, 2000/2002: 19)

Y finalmente agrega que:

"Todo sujeto se define necesariamente por relación a sus imágenes parentales "originarias": está unido a quienes le dieron la vida y estará ligado a ellos por los lazos del incesto y el parricidio, de la sexualidad y de la muerte". (2000/2002: 49)

Capítulo 2
Modelo del encuadre,
base para la matriz simbólica

André Green trabajó a lo largo de sus escritos, la idea de que el dispositivo analítico freudiano implica un modelo del encuadre que nos permite pensar el modelo del sueño y los procesos de constitución de aquello que se definió como procesos intermediarios.

En este sentido invierte la fórmula freudiana de pensar el encuadre a partir del funcionamiento onírico y propone al **encuadre como esquema de análisis de los procesos psíquicos**. Da al encuadre un estatuto metapsicológico.

En función de esta propuesta tomaremos este esquema con el objetivo de encuadrar a las formaciones intermedias que nos ocupan, que son las fantasías y teorías sexuales infantiles y elaborar posteriormente, la matriz de análisis para los datos.

En el texto *Mitos y realidades del proceso analítico* (2005), realiza un análisis del sueño como proceso psíquico general en función del modelo del encuadre, que tomaremos para pensar nuestro objeto de estudio.

Considera que el sueño en función del encuadre analítico, puede ser tomado en tres niveles:

a) Un primer nivel, donde el proceso de soñar implica una **percepción desprovista de fuente sensorial en lo real y desprovista de sujeto percipiente**.

En este proceso se da lo que venimos trabajando como la ausencia es estimuladora de procesos de percepción interna donde se activan las representaciones de cosa.

Es la fuente activa que toma prestada los restos diurnos para operar. Es el soñar propiamente dicho y sus restos. El sueño se compone de aquellos restos que en el momento de despertar han quedado ligados a representaciones de palabra, dejando tras de sí, lo irrepresentable.

Este nivel es el que fundamenta en el encuadre analítico la posición del analizante en el diván, en el sentido de que la ausencia de percepción del analista estimula los procesos intermediarios. La ausencia de percepción externa vuelve al analizante sobre sus procesos perceptivos internos.

b) Un segundo nivel, que en el encuadre analítico se refiere al relato del sueño y la solicitud de parte del analista de los procesos de la asociación libre.

Cuando el relato del sueño se liga a los procesos de la asociación libre, se activan los procesos de pensamiento intermediario. El sueño se apodera de un mecanismo asociativo donde se ligan representaciones con distintas intensidades de carga.

De esta manera cuando el otro-analista interviene solicitando la asociación libre, la actividad perceptiva cerrada de la primera instancia, se abre y se produce esta nueva actividad de pensamiento, por intermediación de la palabra dirigida al analista.

En este nivel se produce un nuevo investimiento del soñante en la pareja analítica. Ya no se trata de una percepción sin objeto exterior sino **que la mirada del otro es introyectada en el pensamiento del sueño**. Se trata de ver siendo visto, de un retorno de la mirada sobre si misma, por la vía del semejante.

c) Finalmente un tercer nivel donde ya no está implicada la mirada sino **la escucha a través de la atención flotante que permite albergar los pensamientos latentes** y ligarlos a representaciones propias del sujeto más organizadas.

Este proceso culmina en **la interpretación** que son los puentes que el analista construye entre los distintos modos del pensamiento y marcar la continuidad entre las distintas lenguas que habla el aparato psíquico del soñante.

Observamos entonces que una percepción sin fuente actual se abre cuando se incorpora la mirada del otro y estimula la producción de pensamientos latentes. Esa mirada vuelta escucha atenta favorece la ligazón de esos pensamientos latentes con distintas formas del pensamiento intermediario y culmina en la interpretación.

Es así, concluye Green, que en la situación analítica, el psiquismo queda colocado fuera del circuito con lo real pero en una producción psíquica ligada a la potencialidad imaginaria.

Tomaremos estos tres niveles que, en la conceptualización trabajada por Green, se referían al aparato psíquico del adulto, para pensar la matriz simbólica, ya que el autor considera que se trata de un esquema que muestra la producción de los procesos intermediarios del psiquismo.

Entonces podremos enmarcar en estos niveles los procesos intermediarios que venimos trabajando como fantasías o teorías sexuales infantiles.

El primer nivel será referido a la actividad de formación de los primeros procesos representativos con predominio de la representación de cosa. Se trata de una actividad de producción de imágenes sin fuente directa, ya que es la ausencia lo que estimula la función representativa. Este nivel ligado a los primeros procesos representativos, no será parte de nuestro análisis.

El segundo nivel implica la mirada del otro como percepción interna, de ver siendo visto y que abre el circuito sujeto-objeto-otro. Este es el nivel de las fantasías sexuales infantiles.

Finalmente el tercer nivel, el otro sin percepción y en función de escucha. Podemos agregar aquí, pensando en los procesos de constitución del psiquismo infantil, que el otro es escucha y enigma al cual se le dirigen los pensamientos de las teorías sexuales infantiles. El enigma que implica lo visto y lo oído de si mismo y del otro, y que requiere ser organizado para ser comprendido.

Los modos de la presencia y la distancia del otro producen un estímulo para la psique en la producción de los pensamientos intermediarios.

En síntesis, tomamos el modelo del encuadre como motor de los procesos intermediarios para pensar cómo se desarrollan y complejizan los primeros procesos representativos y qué función va cumpliendo el otro desde el punto de vista intrapsíquico, en cada uno de los productos infantiles que estamos analizando. Dejamos de lado otras producciones infantiles como la novela familiar, ya que no forma parte de nuestro objeto de estudio.

Capítulo 3
La matriz simbólica, determinación de las variables para analizar fantasías y teorías sexuales infantiles

Volvemos sobre las preguntas planteadas una vez que desarrollamos que las fantasías originarias no son contenidos sino huellas con potencialidad significativa, que nos permitirá ordenar la matriz simbólica para el análisis de los datos:

1. **¿Qué es lo preformado** o, lo que es lo mismo, qué es lo que se trasmite de una generación a otra si no son contenidos o precipitados de significaciones fijas y tampoco leyes de funcionamiento formales de una estructura?

2. Si las fantasías originarias son recorridos preformados, **¿cómo se despliega entonces el reticulado de relaciones** activado por la potencialidad significativa de las experiencias de los orígenes?

3. **Si las huellas tienen potencialidad significativa**, ¿esto implica que no se trasmiten contenidos sino que el pensamiento de los **orígenes despliega el sentido** a partir de redes de relaciones propias de cada experiencia?

4. ¿Qué de este entramado es **una dirección obligatoria** de todo aparato psíquico y qué **un tejido singular** de cada psiquismo?

Tomaremos la siguiente cita de André Green a modo de síntesis de lo expuesto en el marco teórico que nos permitirá orientar las preguntas que serán respondidas con los contenidos de la matriz simbólica.

"La separación del tiempo de la significación y el tiempo de la experiencia mediante el espaciado, el amojonamiento de las etapas, nos instala en lo discontinuo y hace funcionar la identidad y la diferencia como conceptos y no solamente como acontecimientos psíquicos. *Entre la experiencia y la significación se produce la pérdida del objeto, que abre el trabajo de la identidad y la diferencia.* A la pérdida del objeto se le suma la borradura de la huella [...] la significación surge por el retorno a caminos ya preparados por el efecto de sobreinvestidura de un surco ya trazado." (2000/2002: 34)

Experiencia de la presencia-ausencia como proceso de distanciamiento que hace a la producción de procesos intermediarios cuyo trabajo de significación implica el funcionamiento de la identidad y diferencia como producto del pensamiento.

Los surcos de la experiencia son surcos que se trazan en la cercanía y distancia del otro. Modos del distanciamiento que el otro trae de su propio trazado. Son surcos que activan la significación ya que dejan restos psíquicos que borran las huellas para ponerlas en sentido propio para el sujeto ligado al placer.

Placer que se sostiene con el costo de la desinvestidura que vuelve a trazar el surco de la ausencia, de lo discontinuo en los productos psíquicos que requieren una nueva puesta en sentido para ligarse lentamente a la realidad.

Y agrega Green que esta conservación de la diferencia constituirá una huella cuyo sentido pleno será como huella siempre evanescente, siempre bajo la amenaza de la borradura y como constituyente de la memoria. Inscripción de la huella y borradura.

De esta manera afirma que: "la verdad de la encrucijada entre la diacronía y la sincronía revela para el psicoanalista la presencia del sentido en cuanto está ligado a la coacción (la represión) que lo obliga a transformarse y disfrazarse" (2000/2002: 44).

La matriz simbólica es entonces la organización de las huellas que deja la presencia-ausencia del otro. Huellas que son inscripción y borradura que dejan como restos procesos representativos que implican puesta en sentido de esas huellas-borradura.

Como caminos preformados hemos visto los modos que tiene el aparato psíquico de producir sentido con los productos de las fantasías o de las teorías sexuales infantiles como parte del pensamiento de los orígenes.

Ahora bien, sobre la base de estos procesos cada sujeto en las vicisitudes de su propia experiencia generará sentido singular del encuentro-desencuentro con el otro.

Con la matriz ubicamos los trazados preformados que son los modos en que las fantasías y las teorías sexuales infantiles se constituyen.

El análisis de los datos, nos permitirá pensar los modos singulares que adquiere esta experiencia significativa en los enunciados de los niños de distintas edades. A partir de los enunciados de los niños acerca de la sexualidad propia y la de sus padres se hará el análisis en función de las variables de la matriz para encuadrarlo como fantasía o como teoría sexual infantil.

La matriz simbólica nos ubica en un primer núcleo que es de la emergencia de representación, emergencia como alteridad: autocreación de la psique de un flujo representativo.

Momento de indiscriminación de procesos representativos en tanto representación-afecto. El modo básico de ser de estas formaciones es la totalización. Escena total ligada al placer. Sentido y placer se unifican en la escena.

Este primer momento será del orden de lo inconciente irrepresentable, en tanto núcleo que se fija como modalidad estable de la investidura ligada al objeto pero del cual se tienen noticias sólo a través de sus derivados. Momento arcaico y perdido para siempre en los procesos de constitución psíquica. Son las huellas de la investidura significativa que, como representaciones, quedan fijadas en una instancia a la que jamás se podrá acceder.

Este es el momento de las fantasías originarias, que como hemos desarrollado no son fantasías en el sentido estricto del término, sino huellas, inscripciones totales que derivarán, por la funciones del objeto y por la actividad del sujeto en las formaciones de la fantasía.

Este primer nivel no constituye nuestro objeto de estudio sino a través de las formas derivadas de las fantasías y las teorías sexuales infantiles.

En un segundo nivel se constituyen las fantasías de los orígenes:

Por la función del otro, como ausencia productora de distancia psíquica, y a partir de la proyección como actividad psíquica del sujeto, se abre un esquema triádico: sujeto-objeto-otro.

En el esquema del encuadre-sueño, decíamos que hay relato dirigido a alguien. Hay apertura en la referencia y que ya no es percepción sin fuente sino ver-verse visto. En el caso de las fantasías agregamos oír-oírse antes de incluir el nivel posterior de la escucha atenta, ya que las fantasías constituyen residuos de lo visto y de lo oído de sí mismo y de las figuras parentales.

Se enfatizan estos puntos de la experiencia perceptiva en relación a la vivencia totalizante que se mencionaba anteriormente. El primer nivel se constituye de una experiencia compleja de satisfacción-insatisfacción, como percepción sin presencia plena del contacto y la ausencia entre el sujeto y el otro. En las fantasías hay mayor discriminación perceptiva que en la experiencia primaria.

Las fantasías llevan el sello de la unidad-indistinción originarias, su relación con lo corporal y la ligazón del sentido y el placer.

Sin embargo implican un momento de organización del psiquismo donde comienzan a funcionar los esquemas de separación. Se trata de primeras unidades o identidades, de tipo inestables, donde el sujeto y el objeto son intercambiables y el sentido remite a la relación que se pueda unir entre ambos.

La ligazón con lo corporal estará relacionada con los movimientos pulsionales de "transformación en lo contrario" y "vuelta sobre sí mismo" y que a su vez intentarán fijar lugares del sujeto, del objeto y del otro, como derivados del adentro y del afuera y en función de la actividad o pasividad.

El afecto funciona bajo modos de indiscriminación-discriminación, con modalidades de difusión y descarga por el acto o somatización.

El tiempo se constituye como tiempo imaginario como creación de formas otras, como alteridad. Tiempo contiguo y simultáneo. Sobre la base de éste se irá constituyendo el tiempo identitario-conjuntista de la sucesión e irreversibilidad.

El espacio, en principio, es espacio no opositivo ni binario, ligado al tiempo imaginario. La diferencia se irá constituyendo posteriormente en formaciones más complejas.

De esta manera, las representaciones son ligazón de representaciones de cosa y de palabra, cuyo modo de operación no se encuentra completamente discriminado, por lo cual hay modos típicos de identidad por contigüidad, por desplazamiento y condensación y no separación de los contrarios.

Definición conceptual de las fantasías sexuales infantiles: es el conjunto de representaciones de cosa y de palabra, que a través de la proyección, arman una escena que liga la experiencia de sus zonas erógenas con el cuerpo propio y con el de los padres. Las modalidades de la representación son de indiscriminación con el afecto.

Ponen en relación al sujeto, al objeto y al otro de manera inestable y permutable. Están estrechamente ligadas al funcionamiento pulsional de transformación en lo contrario y vuelta sobre si mismo.

El espacio y el tiempo funcionan en relación al sentido de totalización que les otorga su unidad.

En el tercer nivel de la matriz simbólica se constituyen las teorías sexuales infantiles: el otro en función de enigma, estimula y alberga representaciones que implican lo oído y lo visto de sí mismo y del otro. El enigma requiere ser organizado para ser comprendido.

El otro en la distancia que marca la escucha le permitirá al sujeto producir pensamientos más organizados acerca de sí mismo y del otro.

Lo visto y lo oído de sí mismo y del otro se organizarán en una interpretación que es un fundamento que sostiene la percepción.

El fundamento implica un proceso de escisión interna y denegación de la percepción externa que estabiliza los procesos de pensamiento sobre la sexualidad propia y ajena.

Esta forma que adopta el pensamiento constituye la creencia que da sentido propio a la sexualidad infantil.

Estos procesos de organización interna estabilizan los lugares del sujeto, del objeto y del otro y el fundamento no permite la permutabilidad de lugares y de actividad-pasividad.

Las representaciones de palabra se complejizan con los recursos discursivos y el afecto puede ser contenido y nominado en su entramado. Las oposiciones se organizan en forma binaria.

El tiempo pierde las formas de la continuidad y aparece la sucesión estable que es irreversibilidad. Los esquemas temporales se ligan al tiempo identitario conjuntista, esto es esquemas de separación estables y definidos.

El espacio también se estructura en esquemas de separación estables tanto en relación al espacio corporal como al espacio entre representaciones donde la continuidad va dejando lugar a la sustitución.

El sentido se despliega en las formas que adoptan los esquemas de separación que en tanto estables permiten operar a la identidad y la diferencia.

Se inscriben las formas de la diferencia generacional y de sexos que liga los trazados obligatorios de las huellas significativos con las modalidades propias que tales huellas organizan como sentido para el sujeto.

Definición conceptual de las teorías sexuales infantiles: se trata de representaciones estables que se formulan como enunciados destinados a responder a un enigma acerca de la sexualidad propia y de los padres y cuya respuesta los ubica en la diferencia de sexos y de generaciones.

Están vinculadas a los movimientos pulsionales de negación y desmentida y posibilitan el funcionamiento del no de manera estable y la elaboración de un fundamento para dar cuenta de la negación.

El fundamento relaciona un juicio de atribución a un juicio de existencia donde se admite una percepción para denegarla. El principio de realidad se liga al principio del placer para producir el modo propio de la creencia.

Capítulo 4
Variables de la matriz simbólica

Las variables que se definirán a continuación serán aplicadas a los distintos enunciados de los niños y nos permitirán en función de las características que adopten ubicar los productos infantiles en el segundo o tercer nivel de la matriz y definirlo como fantasía o como teoría sexual infantil.

- **Indiscriminación-discriminación de la representación y el afecto:** se analizarán las distintas modalidades de las representaciones.
  - Se tendrá en cuenta su relación con los procesos de figurabilidad en tanto puesta en sentido de una escena.
  - La relación con el afecto en sus procesos de difusión o descarga corporal.
  - Se analizarán las relaciones de las representaciones entre sí en función de la contigüidad, repetición o desplazamiento.
- **Estabilidad:** se analizará la posibilidad de sostener o no en un mismo enunciado o en enunciados sucesivos, tanto la discriminación de representaciones como los lugares del sujeto, del objeto y del otro.
- **Permutabilidad:** se analizará los modos en que el sujeto, el objeto y el otro ocupan sus lugares en función de la inversión o la sustitución que define posiciones del yo y su relación con la actividad-pasividad.
- **Relación entre el principio de placer y el de realidad:** se analizará la posibilidad de afirmar un juicio de atribución y su relación con el juicio de existencia.

En esta relación se evaluará la autonomía o no de la percepción como percepción externa o su predominio como percepción interna.

- **Planteo de un enigma:** se analizará en la modalidad enunciativa la presencia de una pregunta acerca de la sexualidad propia o de los padres. La modalidad enunciativa implica a la forma interrogativa o la forma asertiva como respuesta a un interrogante.

- **Afirmación de una creencia:** se refiere al modo en que se afirma una presencia o una ausencia ligada a la sexualidad propia o de los padres donde se afirma un fundamento que permite sostener la identidad y la diferencia de manera estable.

- **Temporalidad:** se analizarán las formas del tiempo como tiempo propio que implica continuidad y simultaneidad o como tiempo identitario conjuntista que crea formas de sucesión e irreversibilidad.

- **Espacialidad:** se analizarán dos ejes en relación al espacio:
  a) el espacio corporal: se tendrá en cuenta la discriminación de espacio propio y del otro.
  b) el espacio entre representaciones: que puede ser un espacio donde hay coexistencia de oposiciones no binarias o bien un espacio donde la oposición se estabiliza en diferencia y se mantiene el binarismo.

- **Puesta en sentido:** se analizarán los modos en que la sexualidad propia y de los padres se organiza. Discriminaremos dos modos:
  a) como totalidad: donde se tomará en cuenta la posibilidad de separar partes propias y ajenas, cuerpo propio y del otro y formas activas y pasivas de la experiencia sexual.
  b) como diferencia: donde se tomará en cuenta el emplazamiento de la experiencia sexual en función de la diferencia de sexos y de generaciones.

CAPÍTULO 5
MATERIAL Y MÉTODO

A partir de la complejidad del objeto de estudio, se ha decidido adoptar una estrategia metodológica basada en las características de los diseños cualitativos. La complejidad implica la dificultad de separar claramente en el diseño teoría y datos.

R. Sautu (2003) señala que por su naturaleza la teoría y los datos se van construyendo conjuntamente en la medida que se avanza en la definición de los conceptos básicos iniciales y la especificación de sus significados. Tal como lo expresa Maxwell (1996), "teoría y datos se construyen interactivamente".

Retomamos el pensamiento de André Green (1991/1993) para afirmar que "trabajar en psicoanálisis no implica indagar y llegar a la realidad última del inconciente", ya que como venimos trabajando, lo irrepresentable de la pulsión bordea el acceso al conocimiento tanto clínica como teóricamente.

Se trata entonces, según el autor, de recorrer y examinar exhaustivamente las mediaciones que se establecen entre los distintos sistemas del aparato psíquico.

El aparato psíquico habla distintas lenguas y se produce una traducción entre sistemas en la complejización psíquica. Estos puentes que constituyen los procesos terciarios son el material de los procesos reflexivos más complejos.

Ésta es la perspectiva a tener en cuenta en la recolección y análisis del material, ya que se trata de un trabajo de enlace y traducción de conceptos y datos en el contexto de una polifonía semántica.

Por lo tanto, se ha decidido trabajar con la siguiente estrategia cualitativa:

- Fuentes directas e indirectas.
- Diversidad de instrumentos de recolección: registro observacional directo, entrevista semi-pautada directa, registro clínico directo y registro clínico indirecto.
- Muestra de tipo intencional, no probabilística.
- Análisis de datos cualitativo.

Fuentes de datos e instrumentos de recolección: se trabajó con **material directo de tres tipos**:

a) Registro observacional directo de discurso espontáneo.
b) Entrevistas semi-pautadas.

Este material se obtuvo en el Jardín de Infantes N 917, de la Municipalidad de Avellaneda y en la Escuela del Sol, de Capital Federal.

c) Registro clínico directo.

Material que pertenece a los pacientes de consultorio privado propio de la investigadora.

El **material indirecto** es registro clínico, obtenido de Historias clínicas del Centro de Salud Mental N 3 "A. Ameghino" y del Servicio de asistencia al Niño Sano del Hospital "Ricardo Gutiérrez".

Caracterización de la muestra: la muestra se compone de 30 registros que pertenecen a 18 niños de edades correspondientes a los 2, 3, 4 y 5 años.

Los registros han sido obtenidos en función de las distintas fuentes sin hacer distinción respecto de su calidad, entre el material clínico y no clínico.

Se ha tenido en cuenta en primer lugar la explicitación de S. Freud (1908) que fundamenta la necesidad de trabajar con distintas fuentes y no solamente con material clínico.

Allí afirma la importancia de aprovechar la observación espontánea de la conducta infantil como una fuente explícita y generosa. Ahora bien, también expone la necesidad de que los resultados sean producto de aquel que conozca y practique la técnica psicoanalítica.

Por otro lado, se consideran también los resultados de la investigación que se toma como antecedente, donde a través de una comparación sistemática se pudo establecer que no había diferencias significativas entre los materiales que provenían de las distintas fuentes (Sverdlik, 1996).

Finalmente cabe mencionar que la muestra es heterogénea respecto de la condición socio-económica de los niños que integran la muestra y se encuentra regularmente distribuida.

Los niños del Jardín de Infantes N° 917 del Municipio de Avellaneda, los casos clínicos del Centro de Salud Mental N 3 "A. Ameghino" y del Hospital "R. Gutiérrez," pertenecen a una categoría socio-económica de clase media baja.

Los niños de la Escuela del Sol y los casos clínicos del consultorio privado de la investigadora pertenecen a una condición socio-económica media y media alta.

La muestra es homogénea respecto de problemas neurológicos o psíquicos de gravedad, que han sido excluidos de la misma.

El material: se trabajó a partir del discurso oral registrado en las diversas modalidades de la recolección. Se considera al discurso oral como una de las formas complejas de producción simbólica que pone de manifiesto las distintas modalidades de organización de la actividad representativa.

Se tomó como unidad de análisis la producción discursiva correspondiente a cada uno de los niños de la muestra.

Los indicadores de la recolección de datos, para todas las fuentes, que se tomaron en cuenta son amplios y refieren a todo aquello que los niños expresan oralmente acerca de la sexualidad propia y de sus padres.

Tal como se desarrolló en el marco teórico, la sexualidad refiere a lo vivido, imaginado y percibido sobre el cuerpo propio y de sus padres que los va ubicando en la diferencia sexual y de generaciones.

Si bien el recorte que se efectúa del material refiere al discurso oral, excluyéndose la actividad lúdica y gráfica, se considera que el mismo es adecuado para trabajar con los niveles de la polifonía semántica que quedan establecidos en las variables.

El recorte implica dejar de lado aspectos importantes que hacen a la polifonía, tal como la puesta en escena y la figuración propia del juego y el dibujo.

Sin embargo, la riqueza del material obtenido nos permitió trabajar con la complejidad de variables establecidas en el marco teórico, teniendo en cuenta que hay otras formas de expresión del mundo infantil que pueden ser adecuadas para nuestro objeto de estudio. El recorte no implica dar prioridad a lo discursivo sobre la producción lúdica o gráfica.

Capítulo 6
Análisis de datos

2 Años:

Gabriela: dos registros

Primer registro de entrevista
Los niños se encuentran dibujando en la sala:
Entrevistadora: ¿qué dibujaste?
Gabriela: un señor malo.
Entrevistadora: ¿y el señor malo es nene o nena?
Gabriela: nena...y nene.
Entrevistadora: ¿y las nenas cómo son?
Gabriela: las nenas como nenas.
Entrevistadora: ¿y los nenes cómo son?
Gabriela: los nenes como nenes...
Señala las dos filas que se están formando para ir al recreo:
Gabriela: las nenas ahí y los nenes ahí.

Segundo registro de discurso espontáneo
Un rato después de la entrevista con Gabriela, los niños están formados en dos filas para salir al recreo, una de niños y otra de niñas:
Maestra: ¡mirando la cabeza del nene de adelante!
Gabriela: ¡con las nenas...con los nenes no!

Análisis del material presentado
Se observa que hay **identidad** en las categorías de nene y nena: las nenas como nenas, los nenes como nenes, que

coexiste con la **inestabilidad dada por yuxtaposición:** "el señor malo es nena y nene".

Hay un intento de distinción de las categorías de nene y nena, ligada a los espacios que se ocupan en la fila, y dice: "los nenes ahí y las nenas ahí". Es una **diferenciación que corre riesgo de perderse,** por eso suscita el **enojo** (en el segundo registro) cuando la maestra dice nene como genérico, refiriéndose a todos los niños. El afecto aparece inmediatamente cuando las **representaciones no pueden sostenerse establemente.**

Hay esfuerzo de sostener una distinción de nene y nena a partir del espacio como espacio físico y sin marcas estables, ya que el espacio se marca como signo: "ahí y ahí", señalando las filas. Signo que puede perderse cuando las filas se desarman. Se despliega una escena a partir de distinción basada en el espacio físico.

No hay enigma, ni planteo de fundamento que sostenga una creencia.

El sentido se despliega sosteniendo una distinción y salir de la totalización: las "nenas como nenas y los nenes como nenes", pero no hay ligazón con lo corporal ni discriminación de sujetos.

No hay permutación.

Renzo: tres registros

Primer registro de discurso espontáneo
Los niños se encuentran jugando en la sala, Renzo está junto a Germán jugando con un oso grande de peluche y dice:
Renzo: tiene pito acá.
Luego se señala él mismo y dice: pito acá.

Segundo registro de discurso espontáneo y entrevista
Otro día Renzo vuelve a jugar con el oso de peluche, esta vez se encuentra solo y señalando la entrepierna del muñeco, exclama: "le como el pito" y muerde la entrepierna del oso.

Entrevistadora: ¿y no tiene más pito?
Renzo: no.
Entrevistadora: ¿y es un nene o una nena?
Renzo: nene que tiene el pito.

Tercer registro de discurso espontáneo y entrevista
El mismo día Renzo se encuentra dibujando y dice:
Renzo: yo dibujo un pito... Tengo un pito acá.
Entrevistadora: ¿y las nenas qué tienen?
Renzo: pistola.

Análisis del material presentado
Se observa que el niño **discrimina partes de sí mismo y referido a otro** y una insistencia en determinar espacialmente la parte señalada: "pito acá". Hay referencia a modos de excitación erógena oral y fálica.

Hay estabilidad en el juicio de atribución: "nene que tiene el pito", que es sostenido después de la escena donde le come el pito al oso y no tiene más pito, lo que implica que lo sigue teniendo aunque lo haya perdido o bien que se refiera a sí mismo como nene que tiene el pito y no al oso, dando cuenta de la indiscriminación de las representaciones de sí mismo y del otro. Esto implica que puede **discriminar bajo la forma de la indiscriminación.**

La referencia femenina: pistola ingresa en la misma modalidad fálica del pito. Es pito = pistola.

La repetición e insistencia de los enunciados con la forma de "pito acá" explicitan una **descarga de afecto**, como excitación ligada a la zona erógena e indiscriminación, por lo tanto de las representaciones con el afecto.

Hay despliegue de una escena para sostener el sentido de las representaciones.

El espacio aparece ligado a la discriminación de la zona erógena y no hay referencias temporales.

La **percepción está ligada al principio del placer**, cuando enuncia "pito acá" referido al oso pero no hay intención de afirmar o negar la existencia, ya que la entrevistadora introduce con su pregunta el problema de la existencia incluyendo el no en el enunciado (¿y no tiene más pito?) y no el niño por sí mismo. No hay permutabilidad: morder-ser mordido.

Hay trabajo de atribución del pene a todos los seres en la formula: nene que tiene el pito, ligado a la experiencia del tocar y decir "ahí". Es atribución con sentido de totalización de su propia experiencia. No hay marca de diferencia en ninguna de sus formas. No aparece un enigma. No da fundamento ni explicita una creencia.

Greta: un registro

Registro de entrevista
Los niños se encuentran jugando en sala y Greta está jugando con una muñeca bebé y la mece.
Entrevistadora: ¿cómo nacen los bebes?
Greta: tienen chupete... Este bebé (señala su muñeca) Maggie usa chupete... y Lisa... (se refiere a los personajes de la familia Simpson).

Análisis del material presentado
Aquí se observa que **hay atribución de un elemento ligado a los bebés** para definir quiénes son bebés porque "usan o tienen" chupete. Puede decir quiénes usan pero frente a la niña más grande, Lisa, no enuncia el no.

El chupete tiene un **sentido de totalización: bebé = chupete**. Hay puesta en relación con sentido total. El sentido se despliega en una escena.

Hay discriminación de sí misma y de los otros. No hay discriminación de adulto-niño.

No hay referencia a lo corporal ni de sí misma, ni del otro. **No hay manifestación de afecto.**

No hay permutación.

LUCÍA: un registro

Registro de entrevista
Los niños están tomando la merienda, Lucía se acerca a dibujar con las hojas de la entrevistadora junto a otros niños.
Entrevistadora: ¿cómo nacen los bebés?
Lucía: unos bebés chiquitos porque es un bebé... chiquitito.
(Al rato dice) Son chiquititos.

Análisis del material presentado
Hay **atribución** de tamaño a los bebés: chiquito **con sentido total**, bebé = chiquito. Hay **intento de dar un fundamento con ese mismo sentido**. El fundamento por su sentido de totalización no se presenta como creencia. No hay referencia a la percepción. No hay juicio de existencia.

La repetición da cuenta de poca discriminación de representaciones. No aparece excitación. No hay permutación. No hay despliegue de una escena.

GERMÁN: dos registros

Primer registro de discurso espontáneo
Los niños se encuentran dibujando en la sala:
Germán (en referencia al dibujo de Renzo, que es una figura humana tipo monigote de frente): dibujó un culo...un pito... (Al rato expresa con excitación) ¡Pito, pito!

Segundo registro de discurso espontáneo y entrevista
Germán comienza a hacer su propio dibujo y dice: Es un pito...todos pitos...
Entrevistadora: ¿y acá qué dibujaste?
Germán: un pito...grande.
Entrevistadora: ¿de quién es?
Germán: mío.
Entrevistadora: ¿y las nenas que tienen?
Germán: pita.

Análisis del material presentado

Aparece una **atribución** del pito a todos los seres bajo la fórmula: "pito... todos pitos". Se observa que es una atribución **con sentido de totalización**, inclusive en la igualdad de zonas erógenas que enuncia en un principio "es un culo, es un pito". **No sostiene de manera estable la percepción** sino que se amolda a su propia excitación. **La atribución se mantiene de manera estable**: "todos pitos".

La marca de diferencia para las niñas ingresa en el mismo sentido de todos pitos, aunque se marca una leve diferencia genérica.

Hay discriminación de partes del cuerpo y de sí mismo. No hay referencia a los adultos.

Aparece una fuerte **descarga de afecto** como excitación ligada al grito. Hay despliegue de una escena.

No aparece enigma, ni marcas de diferencia ni necesidad de dar un fundamento. No aparece entonces una creencia. No hay permutación.

3 Años:

Lucía: un registro

Registro de entrevista
Los niños están tomando la merienda y se acerca la entrevistadora:
Entrevistadora: ¿los nenes y las nenas son iguales o diferentes?
Lucía: diferentes.
Entrevistadora: ¿en qué son diferentes?
Lucía: las nenas... algunas tienen pelo largo y a veces corto y los varones algunos corto y a veces largo...
Entrevistadora: ¿y cómo te das cuenta que un varón es un varón?

Lucía: porque en la sala hay varones y por la calle.
Entrevistadora: ¿y vos sos nena o nene?
Lucía: nene... ¡digo nena! (se ríe)
Entrevistadora: ¿cómo te das cuenta?
Lucía: porque me llamo Lucía y es nombre de mujer... otro día te pregunto de la bella y la bestia.

Análisis del material presentado

Aparece una ligazón entre las categorías de nene y nena con el atributo pelo. Esta **categorización es fallida**, ya que **yuxtapone pelo corto-largo** para ambas categorías, no constituyendo una oposición.

En la frase que intenta dar cuenta de por qué los varones son varones, se observa un **fundamento fallido** cuando dice: "en la sala hay varones y en la calle". No es fundamento porque hay juicio de existencia pero no se refiere a ninguna atribución o negación de la misma.

En la referencia a sí misma se presenta una **permutación: nene-nena.** Nuevamente intenta una atribución para la categoría de nena, que refiere al nombre de mujer. La **categoría de lo femenino se define por el nombre femenino.**

Aparece una referencia al cuerpo cuando menciona el pelo como atributo. No hay referencia al cuerpo propio y de los padres. **El sentido es total**: pelo corto-pelo largo. No hay manifestación directa de afecto. No hay despliegue de una escena. La referencia espacial se vincula al juicio de existencia: en la sala y en la calle hay varones. No hay referencia temporal.

María Laura: dos registros

Primer registro de entrevista

Los niños están tomando la merienda:
María Laura: vi *La Bella y la Bestia, La Bella Durmiente* y *La Sirenita*... en *La Bella y la Bestia* no estaban nenes.

Entrevistadora: ¿y en *La Bella Durmiente*?
María Laura: cuando la bella durmiente era chiquita era nene y la bestia parecía un león.
Entrevistadora: ¿y la bestia es nene o nena?
María Laura: nene.
Entrevistadora: ¿por qué?
María Laura: porque la vi.
Entrevistadora: ¿y cómo te diste cuenta?
María Laura: antes la bestia era un nene, era un príncipe y la ancianita le dio una flor y se convirtió en bestia porque se peleaba con el padre de la bella...

Segundo registro de discurso espontáneo
María Laura se dirige a la entrevistadora: Andrea, mi madrina, va a tener un bebé.
Entrevistadora: ¿y cómo nacen los bebés?
María Laura: no sé... ¡yo sé! De la panza también.

Análisis del material presentado
En el primer registro, se observa un movimiento **de permutación en la atribución genérica**, cuando menciona que "cuando la bella durmiente era chiquita era nene".

Las representaciones presentan modalidades de **yuxtaposición:** "En *La Bella y la bestia* no estaban nenes [...] la bestia era un nene, era un príncipe".

En el relato de la transformación que sufren los personajes del cuento aparecen nexos temporales: "cuando", "antes" y verbos en tiempo pasado. **Esta organización temporal** conserva aún características de **reversibilidad:** "la bestia era un nene era un príncipe".

Hay un intento de dar **un fundamento basado en la percepción**: porque la vi, que funciona ligando un juicio de atribución: la bestia es nene, con la propia percepción. En esta modalidad la afirmación de la propia percepción no requiere que se agregue más información, es razón suficiente. La percepción se encuentra sostenida por el yo, como garante de la afirmación. **El sentido refiere a la sexualidad de los otros**, discriminada de sí misma, abriendo la totalización como referencia única.

No aparece un enigma. No hay diferencia sexual ni generacional estable. No hay descarga de afecto directa. Hay despliegue de una escena con personajes con nexos temporales y sin referencias espaciales.

En el segundo fragmento discursivo aparece una negación referida al saber y una posterior afirmación: "no sé... yo sé", que puede relacionarse con la **presencia de un enigma.**

Aparece una relación entre el **nacimiento y el cuerpo materno**. Hay discriminación bebé-madre. Hay discriminación de las partes del cuerpo del adulto y la persona: "mi madrina, bebé, panza". Estas discriminaciones despliegan el sentido y se ligan a la **diferencia de generaciones.**

Aparece en principio una discriminación entre el sujeto: la niña que enuncia acerca de los bebés y el otro que va a tener un bebé: una primer referencia donde ella es espectadora de la escena y una segunda situación donde ella enuncia su propio saber sobre el nacimiento. **Sujeto-objeto y otro** están discriminados en ambas instancias.

La **referencia espacial** se refiere al **espacio corporal**. La **referencia temporal** está explicitada por un tiempo verbal en futuro, que implica un inicio de organización del tiempo como **irreversible.** No hay descarga de afecto directa.

Natalí: dos registros

Primer registro de entrevista
Los niños acaban de terminar de hacer un dibujo:
Entrevistadora: ¿sabes cómo nacen los bebés?
Natalí: sí... Entran por la vagina y salen por la vagina, después nace y después el varón le pone algo a la mujer. (silencio) Y después nace el bebé..., la mamá le da de comer.

Segundo registro de discurso espontáneo
Están los niños tomando la merienda y hablando acerca de las preguntas que realizó la entrevistadora anteriormente: Natalí corrige a las niñas que decían otras cosas: nacen en la panza y salen por la vagina y los varones son el papá y las nenas la mamá...

Análisis del material presentado
En el primer registro, hay despliegue de representaciones que le permiten discriminar un relato referido al **otro, de sí misma** que lo enuncia. No hay permutabilidad respecto de los lugares del sujeto, el objeto y el otro.

Hay discriminación de partes del cuerpo de los padres y de los sujetos. Diferencia bebé-adulto. Hay **inclusión del padre en la escena.** Respecto del cuerpo de la madre hay una referencia sexual: "la vagina". En relación al padre aparece un intento de referencia corporal pero es fallido: "le pone algo". Hay **oposición vagina-algo.** Hay discriminación espacial respecto del cuerpo propio y ajeno. **No hay yuxtaposición en la referencia espacial** de las representaciones.

Respecto de la **temporalidad**: menciona que entran y salen por la vagina, después nace y después el varón le pone algo a la mujer y después nace el bebé. Hay nexos temporales: después pero con la modalidad de la **reversibilidad**: nace y le pone algo a la mujer y nace.

Frente a la pregunta por el saber sobre el nacimiento responde afirmativamente, lo cual supone que hubo un **enigma previo.**

No hay afirmación acerca de la percepción, ni enunciado de un juicio de existencia. **No** adopta la modalidad de la **creencia.**

En la segunda secuencia discursiva **avanza en la discriminación** del cuerpo materno e incluye a la panza además de la vagina y agrega la relación de parentesco de padre madre con las atribuciones genéricas de varón y nena.

Hay un avance hacia **oposiciones binarias estables**: papá-mamá, pero la última oposición varón-nena, se puede interpretar como inclusión de sí misma en la escena y borramiento de la diferencia generacional. **Hay oposiciones pero no diferencia estable.**

KAREN: un registro

Registro clínico indirecto
En el contexto de juego de una sesión:
Karen: Los varones tienen fuerza, son brutos... yo soy una bruta. Mi mamá dice... mi mamá es una bruta. Antes de ayer era varón. Ahora soy nena. Yo mañana era varón.

Análisis del material presentado
No hay estabilidad en los enunciados en cuanto a la discriminación de sí misma y del otro: los varones-yo-mamá, se superponen a través de una **identidad por contigüidad** en las representaciones: el término bruto unifica como sentido total. Aparece una oposición fallida nena-varón, ya que **permuta:** "yo era varón, ahora soy nena".

Aparecen nexos **temporales** antes de "ayer", "hoy", "mañana" que no funcionan como sucesión sino yuxtapuestos y por lo tanto **reversibles**: "antes de ayer era varón-yo mañana era varón".

No hay referencia al espacio corporal, si bien el atributo elegido "bruto" hace referencia a la fuerza. **El espacio entre representaciones se pierde** en la contigüidad. No hay descarga directa de afecto. No hay despliegue de una escena. No hay afirmación de un enigma, ni creencia.

4 años :

Tatiana: tres registros

Primer registro de discurso espontáneo
Los niños se encuentran tomando la merienda:
Nahuel: sabés que el padre de ella tiene pelo largo...
Jonathan: ¡es mujer!
Tatiana: no, porque después le van a cortar el pelo...

Segundo registro de entrevista
Al rato mientras están dibujando se acerca a la entrevistadora y dice:
Tatiana: ¿dónde le hago la cola?
Entrevistadora: ¿dónde está la cola?
Tatiana: acá (se señala la vagina)
Cuando finaliza dice:
Tatiana: ¡hago un varón! (Y susurra a cada uno en el oído) le hago un pito.

Tercer registro de entrevista
Se encuentran en el recreo:
Entrevistadora: ¿dibujas un bebé?
Tatiana: ¿nene o nena?
Entrevistadora: como vos quieras.
Tatiana: nena (le dibuja el pelo).
Entrevistadora: ¿cómo nacen los bebés?
Tatiana: en el médico.
Entrevistadora: ¿y cómo nacen?
Tatiana: le abren la panza y le dan la leche con la mamadera.
Entrevistadora: ¿y qué más?
Tatiana: vienen del médico y lo sacan con una aguja... lloran, los bebés juegan...

Análisis del material presentado
En el primer registro la **niña enuncia una creencia**, ya que rechaza una percepción externa: el papá tiene pelo

largo y la adecua a su interpretación interna que quiere hacer coincidir con la del compañero en función de la cual las mujeres tienen pelo largo y entonces dice que no tiene pelo largo su papá porque se lo va a cortar. **Hay diferencia** ligada al atributo pelo que divide binariamente largo-corto para mujer y varón respectivamente. No hay despliegue de una escena ya que el sentido se refiere a una situación directa donde se pone en cuestionamiento la percepción.

En el segundo registro aparece una pregunta-enigma: "¿dónde le hago la cola?". La **oposición es cola-pito ligada al cuerpo propio** (se toca) y de sus pares, que coexiste con la diferencia anterior.

Hay una escena en la que se incluye directamente. **Aparece el afecto** ligado a la vergüenza de enunciar la referencia sexual masculina.

En el tercer registro el término médico funciona en la primera frase como referencia de espacio. **No hay discriminación de sujetos.** Hay discriminación de una parte del cuerpo: "panza", en forma parcial. Hay discriminación entre el bebé y la panza. Hay referencia a una escena de la cual está excluida.

Finalmente el médico es una referencia como sujeto ligada al corte o salida del bebé de la panza.

Hay sucesión temporal reversible por simultaneidad: abren la panza-le dan leche-vienen del médico-lo sacan con una aguja-lloran.

No hay permutabilidad en ninguno de los registros expuestos.

TOBÍAS: dos registros

Primer registro de entrevista
Entrevistadora: ¿los nenes y las nenas son iguales o diferentes?
Tobías: diferentes.

Entrevistadora: ¿y cómo te das cuenta?
Tobías: porque los varones siempre pelan y las mujeres no.
Entrevistadora: ¿vos qué sos: nene o nena?
Tobías: nene.
Entrevistadora: ¿y cómo sabes?
Tobías: porque me reconozco... porque me veo en el espejo y veo que soy hombre.
Entrevistadora: ¿y Batman es varón o mujer?
Tobías: mujer... digo hombre.
Entrevistadora: ¿y cómo te das cuenta que es hombre?
Tobías: porque lo veo en la tele.
Entrevistadora: ¿y qué ves?
Tobías: le veo la identidad.

Segundo registro de entrevista
Entrevistadora: ¿cómo nacen los bebés?
Tobías: yo nací el 11 de octubre.
Entrevistadora: ¿y cómo se hacen los bebés?
Tobías: primero le ponen una semillita a la mamá y después nace el bebé.

Análisis del material presentado
En el primer registro aparece planteada **una diferencia** que separa a mujeres de varones que es el atributo pelea y que se presenta como positivo para los varones y negativo para las mujeres. **Un mismo atributo define las categorías**.

El atributo elegido si bien no refiere al cuerpo directamente, hace referencia a la fuerza y al uso del cuerpo de los varones con el término "pelea".

Hay planteado un fundamento que refiere de distintas maneras a la **percepción:** "yo lo vi-lo veo en el espejo". La percepción por sí misma da cuenta del fundamento. La percepción aparece ligada al yo, como garante de esa afirmación. Cuando avanza en la afirmación de su percepción y dice "le veo la identidad", **comienza a organizar una creencia,** ya que amolda el juicio de existencia a su percepción, para dar cuenta de la atribución. En ese sentido se podría afirmar que el niño dice Batman es varón (atribución) porque existe la identidad de varón (juicio de existencia) regulado por su propia percepción: la identidad se puede ver en la tele.

Hay una fuerte referencia a sí mismo **discriminada de cualquier otro** (las mujeres o Batman): "me veo, me reconozco, veo que soy hombre". Cuando se refiere a otro, **el enunciado es inestable:** (Batman) "es mujer... es hombre". Despliega una escena donde se incluye a sí mismo.

Respecto del **sentido,** no aparece el sentido total de un mismo término que plantea igualdades y se presenta **ligado a la afirmación del yo,** tanto en su discriminación como en el sostenimiento de cualquier afirmación. El sentido se liga de una manera predominante al yo, que se discrimina y se afirma y sostiene la percepción. La diferencia que discrimina: pelea para los varones se sustenta y se liga al propio yo.

Respecto del segundo registro aparece una **referencia temporal identitaria:** una fecha, ligada a sí mismo: el día de su nacimiento. **Hay discriminación del yo** y no inclusión espontánea del otro. **Discrimina a la madre y un lugar anónimo:** "le ponen", que da cuenta de un tercero en la escena.

Hay estabilidad en los enunciados y organización temporal irreversible: "primero y después". No hay despliegue de una escena.

No hay referencias espaciales ligadas al cuerpo materno. La semillita no se liga a ningún cuerpo o persona adulta y da origen al bebé. Hay diferencia ligada a la discriminación adulto-niño-bebé, como **diferencia de generaciones.**

La respuesta por su nacimiento da cuenta de un funcionamiento de un **enigma previo** que ha sido satisfecho por su propia referencia, lo que interesa es el nacimiento del propio yo.

CECILIA: un registro

Registro de entrevista
Las niñas se encuentran jugando con títeres que ellas mismas hicieron y Cecilia interrumpe la conversación con Candela y en referencia a su muñeca se expresa.
Cecilia: ¡es nena!
Entrevistadora: ¿y por qué?
Cecilia: porque sí... tiene pollerita.
Al rato se acerca y en el oído de la entrevistadora dice: las mujeres tienen tetas.

Análisis del material presentado
Aparece una afirmación que intenta un fundamento: es nena porque sí, sin dar una atribución. Posteriormente da un **atributo genérico ligado a una prenda femenina.** Luego sigue complejizando la atribución y **liga el atributo a una parte del cuerpo** femenino: "las tetas". No hay explicitación de diferencia ni oposición respecto del par mujer-varón. Se puede llegar a pensar la organización de la **diferencia generacional** respecto del adulto-niño en los pares planteados: nenas-pollerita y mujeres-tetas. No hay referencia a sí misma discriminada del otro o los otros. La referencia espacial está dada por la relación con el cuerpo femenino: el atributo parcial "teta" se liga a la mujer como totalidad. No hay despliegue de una escena. Hay manifestación de **vergüenza** ligada al atributo del cuerpo femenino.

MARCELO: dos registros

Primer registro de entrevista
Entrevistadora: ¿cómo nacen los bebés?

Marcelo: primero están en la panza, después en el ombligo de la mamá come, le pasa la comida la mamá y después esperas unos meses y nacen.

Segundo registro de entrevista
Entrevistadora: ¿los nenes y las nenas son iguales o diferentes?
Marcelo: diferentes.
Entrevistadora: ¿y en qué son diferentes?
Marcelo: en el pelo.
Entrevistadora: ¿cómo te das cuenta que una nena es una nena?
Marcelo: porque tienen el pelo largo.
Entrevistadora: ¿vos sos nene o nena?
Marcelo: nene.
Entrevistadora: ¿y cómo te das cuenta que sos nene?
Marcelo: porque me miro en el espejo.

Análisis del material presentado
Aparece una **organización temporal con irreversibilidad**: hay nexos temporales estables ("primero", "después", "meses"). Los **enunciados son estables**. La **referencia espacial** está dada por relación al cuerpo materno con sus partes específicas y como totalidad. Se discrimina a sí mismo en la frase "después esperas y nacen". No hay permutación. No hay descarga directa de afecto. Hay despliegue de una escena donde no se incluye directamente. **Hay planteo de diferencia bebé-madre** de manera estable aun con variadas referencias a las partes del cuerpo materno. **El sentido se plantea ligado a la diferencia**, no hay referencias de totalización, ya que menciona las partes del cuerpo y sus funciones específicas de una manera discriminada. No hay afirmación de una creencia.

En el segundo registro da **un solo atributo ligado al cuerpo** para diferenciar ambas categorías: el pelo e **intenta un fundamento** ligado a la percepción de sí mismo: "me veo en el espejo". La percepción sostenida por el propio yo es razón suficiente para dar cuenta de la diferencia. **Se discrimina así mismo del otro.** Las referencias espaciales se ligan a una parte del cuerpo. Hay despliegue de una escena en referencia directa a sí mismo. Los enunciados son estables. No hay permutación. No aparecen referencias temporales.

5 años:

Daniel: un registro

Registro de entrevista
Los niños se encuentran en la sala:
Entrevistadora: ¿cómo nacen los bebés?
Daniel: en la panza.
Entrevistadora: ¿cómo se hacen los bebés?
Daniel: en la panza.
Entrevistadora: ¿y cómo salen?
Daniel: el bebé empuja y lo sacan con la mano.
Entrevistadora: ¿y cómo entra?
Daniel: no entra.
Entrevistadora: ¿y cómo se hacen los bebés?
Daniel: cuando la mamá está embarazada, se compra algo, la mamá engorda y el doctor lo saca.

Análisis del material presentado
Hay **enunciados estables** en la secuencia relatada. No explicita nexos temporales pero la **secuencia es irreversible**. No hay permutación de lugares. Aparecen **discriminados** lugares del sujeto-objeto y otro. No se refiere a sí mismo. Aparece un **lugar tercero** como anónimo: "se compra algo" y encarnado en el doctor.

Hay **referencia espacial ligada al bebé** "empuja", **al cuerpo materno**: "la panza" y referidos al **cuerpo total**: "la mamá engorda".

No hay afirmación de una creencia, ni referencia a la percepción. No hay manifestación directa de afecto. Se relata una escena sin inclusión directa en la misma.

JONATHAN: tres registros

Primer registro de entrevista
Los niños se encuentran en la sala:
Entrevistadora: ¿quién es nene?
Jonathan: Diego.
Entrevistadora: ¿cómo te das cuenta que es nene?
Jonathan: yo lo vi que era un nene... la mamá es nena.
Entrevistadora: ¿cómo te das cuenta que es nena?
Jonathan: la veo y es nena.
Entrevistadora: ¿quién es nena?
Jonathan: Tamara.
Entrevistadora: ¿cómo te da cuenta?
Jonathan: la veo y tiene el pelo rubio.

Segundo registro de entrevista
Los niños se encuentran en el recreo y se acercan a dibujar con la entrevistadora. Jonathan dibuja un bebé dentro de una panza:
Entrevistador: ¿cómo nacen los bebés?
Jonathan: con una aguja que le ponen en el huesito (se señala el costado del abdomen).
Entrevistadora: ¿y cómo salen?
Jonathan: con una tijera lo abren.

Tercer registro de entrevista
Entrevistadora: ¿tenés hermanos Joni?
Jonathan: sí.
Entrevistadora: ¿grandes o chiquitos?
Jonathan: tenía dos hermanos grandes pero ahora no...
Entrevistadora: ¿y qué pasó?
Jonathan: porque mi hermana tuvo un bebé.

Análisis del material presentado

En el primer registro se **observa estabilidad en los enunciados**, no hay permutación. **No** aparece un atributo que marque **oposición** o diferencia. Hay un intento de **dar un fundamento** basado en la **percepción** propia: "yo lo vi" es razón suficiente para establecer la categoría. Hay ligazón con un atributo pero no de manera explícita: "le veo el pelo rubio". No hay referencias temporales. La referencia espacial se liga a una parte del cuerpo: el pelo. Hay discriminación de sí mismo y el otro. Hay mención de la madre como nena, **donde no se explicita una diferencia generacional.**

En el segundo registro hay una secuencia estable sin ordenamiento temporal ni espacial. El cuerpo materno y el del bebé **están indiscriminados** ya que cuando afirma que "nacen con una aguja que le ponen en el huesito", no se explicita a quién se refiere. La única referencia corporal es el "huesito". **Los lugares de sujeto-objeto y otro no están discriminados**: "lo abren, le ponen" no refiere a ningún sujeto ni se sabe su referencia. Hay despliegue de una escena sin discriminación interna.

En el tercer registro **se pierde la discriminación del parentesco hermana-madre**, hay negación de uno de los términos. Puede establecer relación entre bebé y madre pero pierde la categoría de hermana. Hay referencias temporales en el tiempo verbal pasado: tenía dos hermanos y en el nexo: ahora. La reversibilidad de las categorías del parentesco hermana-madre es presentada como irreversibilidad temporal.

Gabriela: un registro

Registro de discurso espontáneo
La niña estaba escuchando el relato acerca del nacimiento de la hermanita de otra niña, se sienta junto a la entrevistadora y le dice:

Gabriela: mi mamá me fue a llevar al doctor porque tenía el pie así y una vez porque tenía tos... mi mamá tenía un bebé en la panza... después la llevaron al hospital, le sacaron el bebé y no sabía que nombre ponerle al bebé, le pusieron Pablo Moisés.

A mi hermano grande estaba en el hospital con mi mamá y yo no estaba porque estaba en casa... ¿sabes qué dijo Ezequiel?... que el papá se bajó los pantalones y dijo cocodrilo, cocodrilo y después el nene se bajó los pantalones y dijo pescadito, pescadito.

Entrevistadora: ¿qué quiere decir?

Gabriela: los cocodrilos no van en el mar, los pescaditos...

Entrevistadora: ¿y por qué dijo cocodrilo?

Gabriela: porque es un chiste.

Análisis del material presentado

Hay enunciados estables, donde se discriminan **secuencias temporales** con nexos y tiempos verbales en pasado. No hay permutación. Las **referencias espaciales son variadas**, tanto respecto de la madre, hermanos o de sí misma. Hay referencia a partes del cuerpo y a totalidades. Hay partes que intentan ser pensadas a través del chiste, el genital masculino pero aun **las representaciones no funcionan con carácter sustitutivo** sino **como contigüidad**: pescadito o cocodrilo no sustituyen al pene sino que se los refiere por contigüidad al agua. No está estabilizado el espacio de separación entre representaciones por la complejización que implica el chiste.

El chiste es un intento fallido de pensar el genital masculino en relación al nacimiento de los bebés. Hay relato directo de una escena con mucho despliegue de personajes y acciones.

Nelson: un registro

Registro de entrevista
Están los niños en la sala jugando y hablando de los hermanos:
Entrevistadora: ¿tenés hermanos Nelson?
Nelson: Jessica y otros dos hermanos.
Entrevistadora: ¿sos el más chico?
Nelson: cuando me trajo la cigüeña, la cigüeña dijo que soy el más chiquito de la casa.
Entrevistadora: ¿y cómo nacen los bebés?
Nelson: naciendo de la cigüeña o saliendo de la panza de la mamá, pero a mi me trajo la cigüeña.
Entrevistadora: ¿y cómo se hacen los bebés?
Nelson: pues... con semillitas se hacen.
Entrevistadora: ¿y qué más me podes contar de los bebés?
Nelson: a los bebés se les compla juguetes, una cuna y duermen los bebés... a mí, mi mamá me compró una cuna cuando era bebé y después se compla algo más.

Análisis del material presentado
Se observa que **no hay estabilidad** en los enunciados en relación a las secuencias que se superponen. Se **discrimina sujeto-objeto y otro** e incluye en la escena en referencia a sí mismo un **sujeto no-humano**. Establece diferencia generacional y categorías de parentesco pero cuando refiere a sí mismo se ubica en otro linaje: el de una cigüeña que habla. En la enunciación sobre los otros discrimina partes del cuerpo materno: la panza y la refiere a la madre. El tercero es anónimo: "con semillitas o se compla algo más". Hay **nexos temporales** pero no hay estabilidad, se da una sucesión con simultaneidad. **No hay permutación.** No hay afirmación de una creencia. No hay descarga directa de afecto.

El **despliegue del sentido se da en una doble vía**: cuando refiere a sí mismo y la cigüeña, el sentido es de totalización: ser el más chiquito. Cuando se refiere a los otros hay despliegue de diferencia madre-bebé. En ambas situaciones hace referencia una escena.

FLORENCIA: un registro

Registro clínico directo
La niña está jugando con las muñecas. Pone juntos un muñeco y una muñeca y dice: los papás se casan y tienen hijos. Los bebés son uno nena y otro nene. Éste que tiene la hebillita es nena y el otro que no tiene es el nene.
(Saca de las cajas de juguetes una muñeca más grande) ahora la hija creció y no... ahora es como Barbie y los papás se hicieron viejitos y murieron... ahora Barbie se casa con el príncipe.

Análisis del material presentado
Hay **estabilidad en los enunciados** con una **secuencia temporal irreversible:** nacimiento-crecimiento-vejez-muerte. Se plantea una **diferencia generacional** y respecto de la diferencia sexual se discriminan las categorías en función de un atributo genérico: las nenas tienen hebillita y los nenes no. Aparece la **diferencia vida-muerte**. El nacimiento se liga al casamiento pero no se mencionan partes del cuerpo ni de los niños ni de los adultos. El casamiento se presenta con un **sentido de totalización** que explica el nacimiento. Hay despliegue de una escena donde no se incluye a sí misma y hay variados personajes y acciones. No hay afirmación de una creencia. No hay referencia a la percepción. No hay enigma explícito. **No hay permutación**. No hay descarga directa de afecto.

Capítulo 7

Resultados

Los resultados se obtuvieron tomando dos ejes centrales: a) las características que asumen las variables en conjunto por edades y b) la evolución de cada variable a lo largo de las distintas edades.

a) Características por edades:

2 años: cinco niños y nueve registros.

Se da una **atribución estable con sentido total**. Se toman atributos: referido a los bebes "chiquito o chupete" o referido al cuerpo: "pito" y se lo extiende como atributo general: "todos pitos" o "son chiquitos". Las representaciones sostienen su sentido total en la repetición. En casi todos los casos se **despliega una escena** donde el niño se incluye a sí mismo para desplegar el sentido. **De los nueve registros aparece descarga de afecto en seis de ellos. Afecto ligado a la excitación general y a las zonas erógenas: oral, anal y fálica. También aparece enojo.**

La inestabilidad de los enunciados aparece en un caso solo. Con la modalidad de la yuxtaposición. No hay permutabilidad. No hay referencias temporales.

Respecto del espacio corporal: hay discriminación de alguna parte del cuerpo propio del niño pero en ningún caso se da discriminación de adulto y niño.

El espacio entre representaciones se pierde con la repetición de un mismo término con sentido total: "nenes como nenes o es un pito es un culo".

Se presenta un solo intento de distinción niño-niña a partir de una marca externa que no es estable.

En el único caso que aparece (el niño que juega con un oso y dice "nene que tiene el pito") la percepción, se liga al principio del placer sin necesidad de afirmar un juicio de existencia.

No hay necesidad de dar un fundamento. No se manifiesta la modalidad de creencia en los enunciados. No hay planteo de un enigma.

3 años: cuatro niños y seis registros.

En todos los casos se observa que no hay estabilidad en los enunciados. En el intento de desplegar atribuciones se dan modalidades de yuxtaposición (tienen pelo largo y algunos corto para una misma categoría) o de contigüidad ("los varones son brutos-yo soy una bruta") que hacen perder la estabilidad al enunciado tanto en la discriminación de representaciones como de lugares del sujeto- objeto y otro.

En dos casos se observa **permutabilidad de la posición del sujeto**: "soy nene... nena" o "yo era varón ahora soy nena".

Aparecen **referencias temporales** con características de **reversibilidad**: "el bebe nace, le ponen algo a la mujer y nace". Se da una sucesión con repetición. Se da en el otro caso una sucesión con simultaneidad: "la bestia era un nene, era un príncipe".

La **referencia espacial se despliega** notablemente en comparación a los dos años. Se discriminan en casi todos los casos partes del cuerpo de sí mismo y del otro. No hay referencias a la totalidad del cuerpo del otro, **se mencionan partes:** "panza, vagina" sin ninguna pertenencia subjetiva. El espacio entre representaciones se pierde por la yuxtaposición de las mismas aunque hay intentos de establecer distinciones opositivas, pero no son de índole binaria.

Hay un intento de dar un fundamento ligando atribución y existencia: "porque en la sala hay varones y en la calle..." pero no hay referencia a la percepción. No aparece en ningún caso la creencia.

En dos casos aparece la frase: "ya sé" que ha sido interpretada como indicador de la aparición de un **enigma.**

El **despliegue de la escena** donde se incluyen diferentes lugares, se da en tres de los seis registros y pueden no incluirse en la escena. En los otros tres registros se puede dar una respuesta sin escena. En ningún caso aparece descarga de afecto directa.

El sentido se despliega en relación a la aparición de lugares del sujeto, objeto y otro, y se abandona el sentido total predominante anteriormente. El sentido total se mantiene en un solo caso donde el término bruto unifica el sentido por contigüidad. Aparece la **diferencia generacional** en dos registros, aunque en uno de ellos se pierde. Se da un intento de establecer un **lugar tercero referido al padre** respecto del nacimiento de los niños pero se manifiesta como lugar anónimo: "le ponen algo a la mamá", pero sí se lo afirma en la función del parentesco: "los varones son el papá".

Hay intentos de establecer distinciones para la diferencia sexual pero no tienen estabilidad. En un solo caso se conserva la distinción de manera estable, sin dar un fundamento.

4 años: cinco niños y ocho registros.

En todos los casos se da **estabilidad en los enunciados** tanto en la discriminación de representaciones como de lugares del sujeto, el objeto y el otro. En un solo caso aparece inestabilidad por yuxtaposición. No se manifiesta en ningún caso permutabilidad.

En dos casos se expresa claramente **enunciada una creencia** donde se liga la atribución al juicio de existencia y se niega ese vínculo mediante una desmentida de la percepción.

Hay tres registros donde **se intenta dar un fundamento**, que si bien no tiene la forma de creencia: denegación de la percepción y afirmación atributiva en función del principio del placer, aparece la percepción en primer plano como razón suficiente con un enunciado en nombre del propio yo: "yo lo vi", "porque me veo en el espejo".

La **temporalidad** se despliega en enunciados **sucesivos irreversibles**, con nexos temporales y verbos en pasado. Se mantiene la reversibilidad por simultaneidad en un caso.

El **espacio** se despliega en representaciones bien discriminadas apareciendo oposiciones binarias estables en tres registros. Desaparece la modalidad de yuxtaposición o indiscriminación por contigüidad.

Respecto del espacio corporal se discriminan partes del cuerpo propio y ajeno pero en dos casos solamente se liga la parte con la totalidad: "las mujeres tienen tetas o el ombligo de la mamá".

Aparece en un caso una **pregunta enigma** y en otro caso una respuesta por el nacimiento con una fecha determinada que puede dar cuenta de una pregunta previa: ¿cuándo nací yo?

Respecto del **despliegue de escenas** en las respuestas se observa que en algunos casos se da y en otros no, de la misma manera que a los tres años. Cabe señalar, que los que despliegan una escena se incluyen en la misma. Aparece el afecto de **vergüenza** ligado a los atributos sexuales.

Respecto del sentido: se pone de manifiesto en relación al relato del nacimiento de los bebés: se mencionan los lugares de bebé-madre-niño y aparece un lugar tercero ocupado por el médico o anónimo como ocurre a los tres años: "le ponen una semillita a la mamá". Aparece por primera vez la relación entre las partes y el cuerpo materno: "panza y ombligo de la mamá". Se afirma **la diferencia generacional mamá-bebé- médico-mujer.**

Aparecen diferencias opositivas binarias ligadas a partes del cuerpo: pelo largo y corto, cola para las mujeres y pito para los hombres o pelea para los varones y no pelea para las mujeres.

En dos registros no aparece oposición. Uno de ellos liga un atributo genérico: "pollerita" con un atributo sexual: las mujeres tienen "tetas". El otro, menciona un atributo genérico para las niñas: "pelo largo" con un fundamento perceptivo: "soy nene porque me miro".

5 años: cinco niños y ocho registros.

Los enunciados son estables menos en un caso donde coexisten modalidades de edades diferentes y la estabilidad se pierde por yuxtaposición: "Batman es mujer... digo hombre". No hay permutabilidad en ningún caso.

En tres de los registros se organizan **enunciados temporales irreversibles.** En un caso se presenta la reversibilidad de una categoría de parentesco como irreversibilidad temporal: "tenía dos hermanos", que se pierde cuando tienen un bebé y se convierten en madre. Hay un caso de reversibilidad por simultaneidad.

El **espacio corporal** hace referencia a partes corporales y al cuerpo materno como totalidad: "la mamá está embarazada, la mamá engorda".

El **espacio entre representaciones** se mantiene discriminado a través de oposiciones binarias definidas por un atributo o por un fundamento perceptivo (la veo y es nena o lo veo y es nene) y en un caso aparece la indiscriminación (pescadito-cocodrilo-mar) por contigüidad en el intento de generar una sustitución fallida mediante un chiste.

No hay modalidad de creencia pero hay afirmación de la percepción propia como fundamento de la diferencia.

No hay indicadores directos de la presencia de un enigma.

Hay respuestas donde se **despliega una escena** en la que se pueden incluir o no a sí mismos. Aparecen respuestas donde se presenta una escena apenas discriminada en los personajes y acciones y otras donde hay un despliegue muy complejo. El **afecto** que se expresa es la vergüenza.

Respecto del sentido: se despliegan **representaciones ligadas a la diferencia sexual** con la misma modalidad de los 4 años y se sostiene la **diferencia generacional** en todos los casos. Se incluye una oposición binaria que antes no aparecía que es **vida-muerte**.

Respecto del nacimiento se despliega la escena, hay referencias al tercero como lugar anónimo, como doctor. **Aparece el padre** y un intento de pensar el órgano sexual masculino a través de un chiste. Se da una relación más estrecha entre el bebé, el cuerpo materno y la figura de la madre como totalidad.

Finalmente cabe mencionar un caso donde coexisten modalidades de distintas edades: cuando el niño se refiere a sí mismo plantea un sentido totalizador ubicándose en un linaje propio: "me trajo la cigüeña y me dijo que era el más chiquito". Cuando se refiere a los demás despliega el sentido refiriéndose al cuerpo materno y a un lugar tercero anónimo: "se compra algo y se hacen con semillitas".

b) Características por variables:
- **Estabilidad:**
    Esta variable presenta variaciones en las distintas edades. A los 2 años los enunciados son estables, se modifican fundamentalmente a los 3 años donde la inestabilidad se da

en todos los casos y finalmente vuelve la estabilidad a los 4 y 5 años con pocos casos de inestabilidad. Se ha observado que la inestabilidad de los 3 años se relaciona con la elaboración de representaciones implicada en el despliegue del sentido, tanto en la discriminación de lugares del sujeto-objeto y otro, como en el intento de dar atribuciones, donde se abandona la modalidad de totalización propia de los 2 años.

- **Indiscriminación-discriminación de afecto y representación:**

  Esta variable presenta en un inicio modalidades de repetición con descarga de afecto directa como excitación general o enojo. Posteriormente las modalidades representativas se despliegan como yuxtaposición o contigüidad y no aparece afecto directo. A los 4 años la discriminación entre representaciones se estabiliza y aparece el afecto de vergüenza. A los 5 años hay un intento de ligar las representaciones con la modalidad de sustitución a través de un chiste pero no se puede sostener y nuevamente se presenta la vergüenza como afecto directo.

  Respecto del despliegue de una escena y su discriminación interna, se observa que puede aparecer o no una escena en las respuestas, existiendo una modalidad predominante a los 2 años. Se destaca que a los 4 años todos los registros que despliegan una escena incluyen al niño que enuncia, dentro de la escena. Esto se modifica a los 5 años.

- **Permutabilidad:**

  Esta variable varía igual que la estabilidad. Se presentan permutaciones solamente a los 3 años respecto de ubicación propia en relación a la diferencia sexual. Se relaciona con el despliegue del sentido característico de esta edad. No se presenta permutabilidad a los 4 y 5 años.

- **Relación entre el principio del placer y el de realidad:**

  Se observa que a los 2 años la atribución con sentido total está ligada al principio del placer. Esto se observa claramente en los registros de los niños que exclaman "todos pitos" y se excitan.

A los 3 años aparece la referencia a la realidad externa: "en la sala hay varones" pero no se liga a un fundamento que sostenga la atribución.

A los 4 años se dan dos procesos: por un lado se afirma la percepción propia como fundamento de la atribución sin necesidad de hacer referencia a la existencia; por otro, se afirma un atributo y se liga a un juicio de existencia y se niega ese vínculo con la desmentida de la percepción. La percepción de la realidad externa se moldea en función del principio del placer.

A los 5 años continúa la modalidad de afirmar la percepción propia como fundamento y no aparece desplegada la creencia en su modalidad propia.

- **Afirmación de una creencia:**

Aparece esta modalidad a los cuatro años ligada a la sexualidad de los padres o de los otros. En su modalidad específica no aparece con mucha frecuencia y no se la observa a los 5 años, a pesar de que ya está constituida a partir de los 4 años.

- **Enigma:**

Se pueden encontrar indicadores de la presencia de un enigma a partir de los 3 años y continúa en el resto de las edades.

- **Temporalidad:**

A los 2 años no hay organización temporal de los enunciados.

La organización temporal de los enunciados se presenta a partir de los 3 años con la modalidad de la reversibilidad.

A esta edad se dan sucesiones reversibles sin nexos temporales y con formas verbales en pasado. Se expresan con repeticiones y enunciados simultáneos.

A los 4 años predomina la irreversibilidad en los enunciados que adoptan formas definidas con nexos temporales y formas verbales en pasado. Aparece una fecha como indicador de la organización identitaria-conjuntista del tiempo. La forma que aparece de reversibilidad se relaciona con la simultaneidad.

A los 5 años continúa la modalidad de irreversibilidad de los 4 años con mayor despliegue de la temporalidad del relato. La forma que aparece de reversibilidad se relaciona con la simultaneidad.

La reversibilidad a los 4 y 5 años no se vincula a la repetición sino a la simultaneidad: se afirman dos enunciados sucesivos como simultáneos.

- **Espacialidad:**

Respecto del espacio corporal: a los 2 años se menciona alguna parte del cuerpo pero no hay discriminación del otro, ni relación parte-todo. Hay referencia a las zonas erógenas.

A los 3 años se mencionan partes del cuerpo propio y del otro. Pero no hay relación parte-todo. Hay referencia a las zonas erógenas. No hay mención de partes del cuerpo del padre.

A los 4 años hay relación parte-todo. El cuerpo materno es una referencia. No hay inclusión del cuerpo del padre.

A los 5 años se despliega la referencia de partes y todo en relación al cuerpo materno y se intenta pensar el cuerpo paterno.

Respecto del espacio entre representaciones: a los 2 años hay poco espacio ya que se repiten las representaciones. A los 3 se da un despliegue que produce modalidades de yuxtaposición y contigüidad que abren y cierran los espacios que se están constituyendo. A los 4 años se estabiliza internamente el espacio entre representaciones y nuevamente a los 5 años frente a la complejización que implican los procesos de sustitución

- **Despliegue del sentido:**

A los 2 años, el sentido adopta la forma de totalización: se toma un atributo parcial y se lo extiende al universo de representaciones. El atributo elegido puede estar ligado al propio cuerpo, puede ser una zona erógena predominante respecto de la excitación o algún atributo elegido por contigüidad como el caso de los chupetes respecto de los bebés. No funciona la diferencia generacional, ni de sexos como planteo de sentido.

A los 3 años el sentido se despliega tanto en la capacidad de dar atribuciones a las cosas como de armar una escena donde hay referencia al sujeto, al objeto y al otro. Se despliegan atributos ligados a lo genérico o al propio cuerpo. Aparece la sexualidad de los padres: las partes del cuerpo materno sin referencia a la totalidad (panza, vagina) y el cuerpo del padre no aparece directamente (el papá le da algo o le pone, sin mención del cuerpo paterno). Funciona la diferencia de generaciones.

A los 4 años, el sentido se complejiza. Fundamentalmente el sentido se despliega afirmando al propio yo del sujeto en los enunciados con el objetivo de sostener atribuciones y diferencias.

Se afirma la diferencia de generaciones en los enunciados sobre el nacimiento, se liga el cuerpo de la madre a la totalidad y se la discrimina del niño y del bebé. El cuerpo del padre no aparece aunque se intenta pensar la función de un tercero: el médico, le ponen, la semillita. Se piensa en el proceso del nacimiento, en la salida del bebé de la panza y hay menos referencias a la entrada. No aparece entonces ni el cuerpo del padre ni referencia a la penetración. En general aparecen analogías entre el proceso digestivo y el desarrollo del bebé en la panza de la madre.

Respecto de la diferencia de sexos, se despliegan atributos genéricos (pollera, pelea) y atributos sexuales (cola, pito, tetas) con la modalidad de pares opuestos o como oposición binaria a partir de un solo atributo. No hay predominio de un atributo, ni genérico ni sexual.

A los 5 años continúa el despliegue iniciado anteriormente con la misma modalidad pero se dan novedades.

Respecto del nacimiento se intenta pensar el cuerpo del padre en el proceso y se desarrollan más claramente las funciones parentales en el relato.

Aparece una nueva diferencia que es la de vida y muerte conjuntamente con el proceso que da cuenta de las etapas de la vida: nacimiento-crecimiento-envejecimiento.

Conclusiones

Iniciamos este recorrido con el objetivo de problematizar lo que se denomina pensamiento de los orígenes, planteando una discriminación que resulta fundamental entre fantasías y teorías sexuales infantiles.

Las fantasías y teorías sexuales infantiles constituyen los primeros enunciados de los niños acerca de la sexualidad, presentando una doble referencia: por un lado hablan de su vida pulsional, de su propia sexualidad infantil. Y por otro, nos refieren acerca del proceso de producción simbólica propio de dicho trabajo psíquico. Elaboración que implica modalidades específicas de funcionamiento de la representación y momentos de estructuración tópica del aparato.

Ambos productos infantiles fueron conceptualizados por diversos autores, sin embargo se ha observado que se confunden y superponen sus características.

Se considera importante trabajar esta discriminación, por el valor que se le otorga en la teoría psicoanalítica, en sus distintas vertientes, a las teorías sexuales infantiles en la organización de la vida infantil y posteriormente en la vida psíquica del adulto.

Por lo cual este nivel de organización requiere ser explicitado, como así también las formaciones de las fantasías, a partir de las cuales las teorías sexuales se constituyen.

Cuando abordamos el análisis, nos encontramos con las fantasías originarias, cuyo entramado nos llevó a pensar las representaciones de los orígenes y las primeras configuraciones de sentido.

Partimos de la discusión que presenta la propia obra freudiana respecto del problema entre realidad exterior y realidad psíquica cuando en los trabajos acerca de la histeria plantea la realidad de las escenas o su valor de fantasías frente a la recurrencia de las mismas.

Esta discusión ha abierto múltiples caminos en el post-freudismo, con consecuencias centrales para la conceptualización del aparato psíquico.

Se han problematizado las distintas respuestas dadas desde los autores que constituyen el psicoanálisis contemporáneo, que al ubicarse después de Klein y Lacan como "post-posfreudismo" (Green 2005), ponen en cuestionamiento tanto el endogenismo filogenético como el *a priori* estructuralista.

Presentamos la discusión entre André Green y Jean Laplanche acerca del valor de las fantasías originarias, en cuyo nudo encontramos caminos para pensar nuevas articulaciones.

Laplanche considera que las fantasías originarias constituyen residuos de las limitaciones epistemológicas de Freud y de su época, y responde con su teoría de la seducción generalizada.

Green ubica a las fantasías originarias como esquemas primordiales que moldean la experiencia, al modo de matrices simbólicas.

Sin embargo ambos autores terminan afirmando que el aparato psíquico se constituye con representaciones complejas de base: tanto la escena primaria que plantea Green como los enigmas fundamentales que ubica Laplanche se contradicen con las modalidades propias del psiquismo de los orígenes.

Tomando la propuesta de matriz simbólica de Green, se han desarrollado los procesos básicos de constitución

del psiquismo infantil para poder elaborar las variables que conforman dicha matriz, no como contenidos sino como un conjunto reticulado que ordena y permite producir sentido.

Esta matriz funciona, no como esquema apriorístico Kantiano, sino que se produce a partir de lo que Cornelius Castoriadis denomina significaciones histórico-sociales.

Pensar la matriz simbólica permitió establecer las regularidades en el pensamiento de los orígenes a partir de los cuales se ordena la sexualidad infantil, ya sea como fantasía o como teoría sexual.

Las variables de la matriz simbólica se elaboraron a partir del trabajo de distintos autores.

Se tomaron en primer lugar las discusiones entre Derrida, Lyotard y Castoriadis acerca de la relación entre la fuerza pulsional y el sentido ligada a la relación entre el espacio y el tiempo en las primeras formaciones del psiquismo.

Se estableció la relación del **espacio** y **tiempo** con el funcionamiento de la **diferencia** y su ubicación como esquema apriorístico en Derrida o como producto de los procesos de separación identitario-conjuntista propio de las significaciones imaginarias sociales en Castoriadis.

La relación entre los movimientos pulsionales y los procesos de representación se trabajaron respecto de las formas de **estabilidad o permutación** que caracterizan al pensamiento en los orígenes.

Se desarrolló posteriormente el problema de la relación entre **afecto y representación**, y se discutió su relación con el concepto de causalidad en los orígenes que plantea Piera Aulagnier.

En estrecha vinculación con la discusión anterior, se desplegaron las características de la **creencia** y su relación con el principio de realidad y los procesos de negación y desmentida que plantea el trabajo sobre la figurabilidad de César y Sara Botella.

El problema del **enigma** se conceptualizó en diferenciación con la certeza tal como la desarrolla Piera Aulagnier, pero sobre la base del trabajo de lo negativo que establece Julia Kristeva.

Finalmente el **problema del sentido** se vinculó con los modos de organización específicos que adquiere el pensamiento en estrecha relación con las modalidades de la sexualidad.

Así fueron definidas las variables de la matriz simbólica que ordenaron los datos y establecieron los criterios de análisis de cada fragmento discursivo recortado a fines de establecer las características propias de cada una y por edades.

Con el objetivo de dar cuenta de la predominancia de fantasía o de teoría sexual en cada una de las edades establecidas se han diferenciado tres niveles en la matriz simbólica.

Los niveles se elaboraron en función del modelo del encuadre conceptualizado por André Green que articula los conceptos de representación y función encuadrante con los modos del trabajo de lo negativo.

Estos conceptos permiten desarrollar la formación de las primeras representaciones y su relación con los movimientos de encuentro y desencuentro con el otro, que como función objetalizante, organizará los distintos niveles de complejidad de la matriz.

Un primer nivel se refiere a la emergencia de la representación que es emergencia como alteridad: autocreación de la psique de un flujo representativo.

Momento de indiscriminación de procesos representativos en tanto representación-afecto. El modo básico de ser de estas formaciones es la totalización. Escena total ligada al placer. Sentido y placer se unifican en al escena. Es el nivel de lo inconciente irrepresentable.

Un segundo nivel se constituye por la función del otro como ausencia productora de distancia psíquica y a partir de la proyección como actividad psíquica del sujeto, se abre un esquema triádico: sujeto-objeto-otro. Comienzan a funcionar esquemas de separación que son unidades inestables ligadas a los movimientos pulsionales de "vuelta sobre sí mismo" y "transformación en lo contrario" que intentarán definir los distintos lugares en la fantasía y su modalidad propia que es la permutación. El sentido se despliega entre la totalización y las primeras formaciones discriminadas en relación al cuerpo propio y del otro.

Finalmente el tercer nivel, donde el otro en función de enigma, estimula y alberga representaciones que implican lo oído y lo visto de sí mismo y del otro. El enigma requiere ser organizado para ser comprendido.

Es esta distancia que posibilitará la producción de teorías sexuales infantiles donde el sentido despliega planteos acerca de la sexualidad propia y del otro.

El trabajo con los datos se realizó haciendo un análisis por edades (de 2 a 5 años) y un análisis a partir de cada una de las variables de la matriz simbólica.

Expondremos una síntesis de los resultados obtenidos para pensar las preguntas fundamentales que guiaron nuestra investigación.

Teniendo en cuenta el análisis de los resultados, ubicamos a las producciones infantiles de los 2 y 3 años en el segundo nivel de la matriz simbólica, donde se despliegan las primeras formas de la fantasía.

En principio se trata de formas monádicas donde un atributo que puede ser o no erógeno, asume un sentido de totalidad. Se trata de un predominio de la actividad proyectiva como actividad pulsional básica.

Son formas de indiscriminación de afecto y representación, donde las modalidades representativas no logran ligar el afecto en el terreno psíquico y se da una descarga de afecto directa como excitación.

Estas formas totales implican que la escena se abre con formas indiscriminadas, entre el yo y el otro, entre sujeto y objeto.

La modalidad propia de totalización, sin embargo, genera estabilidad y no se da la permutación que caracteriza a la fantasía. No hay enigma porque el sentido es total y no hay apertura hacia el otro.

Estas primeras formaciones pueden ser enunciadas con fórmulas tales como: "nene que tiene el pito" o "todos pitos", que no deben ser confundidas con la teoría universal del falo, mencionada por Freud, ya que presenta una modalidad de fantasía y no de creencia, propia del teorizar.

Hacia los 3 años, cuando estas formaciones totalizadoras se abren, se despliega la fantasía propiamente dicha, ligada a los movimientos pulsionales de "vuelta sobre sí mismo" y "transformación en lo contrario". Se observan indicadores de la presencia de un enigma, por lo cual cabe suponer que el enigma aparece ligado a la caída del sentido como totalidad. Se intenta pensar la sexualidad propia y de los padres.

En este momento los enunciados se desestabilizan, hay yuxtaposiciones y formaciones representativas de contigüidad y fundamentalmente la posición del sujeto, el objeto y el otro permuta: "soy nene", "soy nena", "ayer era varón" son formas que aparecen con frecuencia. No se presenta una forma lógica definida: no hay necesidad de dar un fundamento y de sostener una afirmación o una negación, ya que las formas pueden permutar.

Sin embargo, a pesar de la inestabilidad, frena la descarga directa de afecto o excitación.

En esta pintura o collage de representaciones aparecen partes del cuerpo del niño y de la madre sin estar ligadas a un proceso o la totalidad del cuerpo. Las partes hacen referencia a zonas erógenas o del cuerpo en general. Hay referencias muy variadas al cuerpo materno. El cuerpo del padre no logra ser pensado aunque se adelanta su función de tercero. Se puede pensar la diferencia de generaciones.

Es recién a los 4 años que se estructuran formaciones representativas que dan cuenta de una creencia, caracterizando a las teorías sexuales infantiles y nos ubicamos en el tercer nivel de nuestra matriz simbólica.

Desaparece la inestabilidad y la permutación de los lugares de la escena y el yo se hace cargo de dar cuenta de un fundamento.

Como respuesta al enigma se da un fundamento. Este fundamento se caracteriza en primer término por ser una afirmación ligada a la percepción y al saber: "Yo lo vi", "yo lo veo en el espejo", "yo lo sé", son las formas más frecuentes que se presentan.

Posteriormente este fundamento articula el juicio de atribución y de existencia con la negación y la desmentida de la percepción, conformándose la creencia propiamente dicha.

Este movimiento es fundamental en el proceso de constitución psíquica, ya que abre las vías para que se constituya posteriormente el principio lógico de contradicción.

El sí y el no ya no coexisten tranquilamente como en la fantasía, se articulan en un fundamento que los ubica establemente. Este fundamento se basa en la desmentida de la percepción: "no porque se lo van a cortar", "no porque le va a crecer" son sus formas más frecuentes.

La desmentida, como trabajo de lo negativo, implica la estructuración interna de una negación que organiza los enunciados, donde cesa la "coexistencia pacífica" de la afirmación y la negación de la fantasía.

Esta forma que adopta el fundamento articula de un modo específico el principio de placer con el principio de realidad.

La estructuración del yo y la afirmación de la percepción implican una apertura hacia el principio de realidad, que en la fantasía no aparece, ya que se puede afirmar todo o cualquier cosa.

La desmentida presente en el fundamento cuando una creencia se estructura implica que si bien se tiene en cuenta el afuera en la referencia, la negación de la percepción afirma el principio de placer como dominante.

Para que el principio de contradicción pueda asumir su regulación definitiva es necesario que el sujeto renuncie a las formaciones de la creencia para dar cuenta de sus fundamentos.

El sentido se despliega tanto en la dirección de la sexualidad propia pensando la diferencia de sexos, como en relación a la sexualidad de los padres respecto de la diferencia de generaciones. En ambos casos ya no se trata de partes del cuerpo yuxtapuestas sino ligazón de partes del cuerpo con la totalidad y funcionamiento de oposiciones y pares combinados binariamente.

Las concepciones del nacimiento se complejizan: se piensa en procesos ligados al otro, sobre la base de funcionamientos vitales: analogías del proceso digestivo o del crecimiento de las plantas y se intenta pensar las entradas y salidas: lo cortan, lo sacan, le ponen algo a la mamá.

La sexualidad de los padres sigue siendo pensada en principio con predominio de representaciones ligadas a la madre y con dificultad de pensar el cuerpo paterno.

Se adelanta la función del tercero, se puede afirmar que el padre está, le pone algo o el médico lo hace, pero no se piensa en la intervención directa del cuerpo del padre.

Respecto de la diferencia de sexos no aparece un fórmula específica, se suceden distintos atributos

corporales erógenos o no y genéricos. No hay una predominancia erógena para pensar la diferencia.

En esta complejización de las representaciones aparece un afecto que da cuenta de los movimientos de límite interno que se están generando (represión primaria), que es la vergüenza cuando se mencionan las zonas erógenas.

Entre los 4 y los 5 años aparecen diferencias interesantes en la estructuración psíquica y en el despliegue del sentido.

El chiste da cuenta del modo particular de relación entre las representaciones que es la sustitución que permite el funcionamiento de la metáfora. Se trata de una forma compleja que aparece tardíamente ya que implica que el trabajo de lo negativo ha generado espacio suficiente entre representaciones para que puedan sustituirse. Sin embargo, el chiste que se muestra en los datos es fallido, ya que cuando se pregunta por el sentido de la sustitución, se vuelve a la contigüidad entre las representaciones (el pescadito no hace referencia al genital masculino sino al agua).

Es importante marcar que el intento de sustitución es aplicado para pensar el genital masculino, fundamentalmente la presencia del cuerpo paterno en la procreación, que no aparece en las edades anteriores.

Finalmente cabe mencionar la diferencia vida-muerte que aparece a esta edad ligada al relato sobre las etapas de la vida. Quizás sea interesante poder relacionar esta formación con la modalidad de la novela familiar, como parte de futuras investigaciones acerca del pensamiento de los orígenes.

Volvemos nuevamente a las preguntas que nos hacíamos al inicio:

a) **¿Qué es lo preformado** o, lo que es lo mismo, qué es lo que se trasmite de una generación a otra si no son contenidos o precipitados de significaciones fijas y tampoco leyes de funcionamiento formales de una estructura?

b) Si las fantasías originarias son recorridos preformados, **¿cómo se despliega entonces el reticulado de relaciones** activado por la potencialidad significativa de las experiencias de los orígenes?

c) **Si las huellas tienen potencialidad significativa**, ¿esto implica que no se trasmiten contenidos sino que el pensamiento de los **orígenes despliega el sentido** a partir de redes de relaciones propias de cada experiencia?

d) ¿Qué de este entramado es **una dirección obligatoria** de todo aparato psíquico y qué **un tejido singular** de cada psiquismo?

En este proceso de investigación resaltamos que la experiencia de los orígenes no es un recorrido esquemático que organiza etapas que evolucionan y dejan lugar unas a otras.

Hay modos en que el aparato psíquico se va estructurando en función de la articulación de la pulsión con el objeto y las formas propias de la representación y del afecto que resultan de ese encuentro.

Encuentro que se despliega en el seno del complejo de Edipo donde cada sujeto hace su recorrido singular.

Las fantasías originarias no son necesarias para pensar la estructuración psíquica porque las fantasías de los orígenes se caracterizan por su variabilidad. Es la forma particular de la inestabilidad y la permutación, lo que le da su carácter de fantasía. El sentido podrá ser desplegado en la medida que los recursos representativos puedan armar lugares de sujeto-objeto y otro. Lo cual depende a la vez de los movimientos pulsionales y su articulación con el objeto.

Las formas que aparecen con su sentido propio nos permiten dar cuenta que lejos está un niño a los 2 y 3 años de pensar en la escena primaria cuando vemos la complejidad que implica pensar en algo que entra en el cuerpo materno o la presencia del cuerpo del padre en la procreación.

Cuando hablamos de teorías sexuales infantiles observamos que no se trata de generalizaciones automáticas de posicionamientos pulsionales: orales, anales o fálicos. **No hay necesidad de afirmar la teoría universal del pene para dar cuenta de una creencia, ya que puede asumir una gran diversidad de formas y tener la eficacia de la creencia.** Puede haber teorías cloacales de salida del bebé u otras formas de pensar el corte, porque lo importante no es qué teoría menciona el niño sino los modos en que despliega el sentido de su sexualidad y la de los adultos.

Resulta relevante destacar que los niños construyen el sentido de su sexualidad de manera propia, que no hay fantasías o teorías a las que deban ajustar sus sentidos.

Pensar la sexualidad le implica al niño un esfuerzo enorme cuenta con pocos recursos representativos en un principio para entender su propia excitación. Son formas indiscriminadas de la representación y el afecto que sostienen esas primeras formas del psiquismo. La escena primaria es pensamiento complejo y sentido rescatado del análisis de los adultos.

Las fantasías llenan al niño de recursos para figurar y pensar en la sexualidad, pero lejos están de dar la estabilidad que se les otorga cuando se habla de "modalidades típicas". Ponen en escena, abren el sentido, no fijan al sujeto ni a la sexualidad infantil a ninguna forma definida.

Las teorías obligan al niño a organizar su pensamiento sobre la sexualidad, ya no coexisten las partes "alocadamente como en las fantasías". Lo importante es el modo en que organiza y el esfuerzo que requiere ese pensamiento y no la repetición de contenidos típicos ligados a sus zonas erógenas.

Cómo es pensado el pene o la vagina depende de los modos propios en que el niño o niña piense el cuerpo propio y de los padres. Si la vagina deja de funcionar como única metáfora de la falta en nuestras teorizaciones y podemos elaborar los múltiples modos en que la falta se despliega como trabajo de lo negativo, encontraremos caminos conceptuales que, como huellas significativas, permiten pensar la sexualidad infantil en su singularidad.

Hablamos de la sexualidad y del pensamiento infantil. Cuando Freud habla de las teorías sexuales infantiles pone especial énfasis en esta articulación. De la pulsión al pensamiento hay un largo trayecto. No es directo, no es endógeno, no se internaliza como estructura. Es trabajo psíquico.

Nos referimos a un pensamiento infantil que se constituye ligado a la sexualidad y a la realidad psíquica. No se trata de las nociones sobre la sexualidad en los niños, ni de las concepciones sobre el nacimiento y la diferencia de sexos, ni tampoco de la información que manejan acerca de estos temas.

Intentamos dar cuenta de la forma en que se estructura la realidad psíquica del niño donde continuamos el camino freudiano de afirmar el predominio de la fantasía sobre el traumatismo y dejando abierto el vasto campo de articulación entre ambos cuando los trastornos específicos se hacen presente en la clínica infantil.

Pensar el predominio de la realidad psíquica implica poder pensar su relación con el principio de realidad. Afirmar el predominio de la fantasía significa pensar que su despliegue es necesario para que pueda haber pensamiento de la realidad.

Las "nuevas enfermedades del alma" que menciona Julia Kristeva, "los problemas de límites" que trabaja André

Green, que van desde las somatizaciones a las patologías del acto en la clínica contemporánea, se manifiestan también en la clínica de niños y por ello se hace fundamental volver sobre los procesos básicos de constitución psíquica y fundamentalmente de aquellos procesos ligados a la imaginación infantil porque los niños "inquietos y ansiosos actuales" cuentan con pocos recursos representativos para lidiar con sus propias pulsiones.

Seguir indagando acerca del funcionamiento de la imaginación en la infancia y dar cuenta de sus modalidades produce conceptualizaciones fundamentales para la clínica.

En estas dos décadas de trabajo clínico desarrollado, nos encontramos con niños que no juegan: que van de un juguete a otro sin detenerse, que tocan, tiran y descargan su excitación pero no arman "escenas".

El despliegue de una escena constituye un hito en el análisis: armar los lugares, poner los personajes, proponer una acción o relación entre los términos.

Estas primeras formaciones inestables posteriormente se estabilizan y producen un reticulado de relaciones que permitirá el surgimiento del relato.

En este proceso vemos surgir las teorías sexuales infantiles, cuando los problemas fundamentales de la existencia: el nacimiento, el cuerpo, la vida y la muerte, se organizan con modalidades propias.

Relaciones que organiza un yo de incipiente constitución, que liga el mundo interno y el mundo externo bajo la forma de la creencia.

Esta creencia es un fundamento lógico, cuya fuerza interna es tan fuerte, que muchas veces se hace difícil su abandono para poder sostener la lógica de la contradicción.

Esta es otra de las problemáticas frecuentes en la clínica con niños, cuando se dificulta la relación con la realidad y la fabulación aparece como pensamiento predominante.

Entonces, es un logro que puedan producir creencias, pero también lo es, que puedan abandonarlas.

Por lo cual es muy importante indagar el modo en que se constituyen y las formas que adquieren las distintas producciones del pensamiento de los orígenes.

El objetivo de nuestro trabajo es pensar de manera mas precisa la realidad psíquica infantil teniendo en cuenta la inmensa producción teórica que se ha elaborado hasta el momento.

Volver sobre los pasos anteriores, poner a trabajar las "lecturas de Freud", revisar "supuestos teóricos", nos permitirá avanzar para pensar un modelo del aparato psíquico que integre las conceptualizaciones propias y que deje de mirar a otras disciplinas con el criterio de obtener mayor "cientificidad". Este es el desafío del psicoanálisis contemporáneo.

BIBLIOGRAFÍA

Aulagnier, P., [1975], 1977, *La violencia de la interpretación*. Buenos Aires, Editorial Amorrortu.

Aulagnier P., 1992, *El aprendiz de historiador y el maestrobrujo*. Buenos Aires, Amorrortu.

Aulagnier P., [1986], 1994, *Un intérprete en busca de sentido*. México, Siglo veintiuno editores.

Bleichmar S., 1984, *En los orígenes del sujeto psíquico*. Buenos Aires, Editorial Amorrortu.

Bleichmar S., 1990, "Lo inconciente: fecundidad clínica de sus paradigmas" en *Lecturas de Freud*. Buenos Aires, Lugar Editorial, pp.13-99.

Bleichmar S., 1993, *La fundación de lo Inconciente*. Buenos Aires, Amorrortu.

Bleichmar S., 2006, *Paradojas de la sexualidad masculina*. Argentina: Paidós.

Bordie P., 1975, *El oficio del Sociólogo*. México: Siglo XXI.

Botella C. y S., 1997, *Más allá de la representación*. Valencia, Editorial Promolibro.

Botella C. y S., 2003, *La figurabilidad psíquica*. Buenos Aires, Amorrortu.

Castoriadis C., [1975], 1989, *La institución imaginaria de la sociedad*. Vol. 2. Buenos Aires, Editorial Tusquets.

Castoriadis C., 1992, *El Psicoanálisis, proyecto y elucidación*. Argentina, Nueva Visión.

Castoriadis C., 1997, *El avance de la insignificancia*. Argentina, Editorial Eudeba.

Castoriadis C., 1998, *Hecho y por hacer*. Buenos Aires, Editorial Eudeba.

Castoriadis C., 2003, "Tiempo y creación". Revista Anthropos, N° 198, pp. 25-44.

Castoriadis C., 2002, *Orígenes, sentido y alcance del proyecto filosófico*. En revista Archipiélago N° 54, pp.96-101.

Castoriadis C., 2004, *Sujeto y verdad*. Argentina: Fondo de cultura económica.

Casas de Pereda M., 1999, *En el camino de la simbolización*. Argentina, Paidós.

Derrida J., [1967], 1989, *La escritura y la Diferencia*. Barcelona, Editorial Anthropos.

Derrida J., [1967], 1996, *A voz e o fenómeno*. Portugal, Biblioteca de filosofía contemporánea.

Derrida J., 1997, *El monolingüismo del Otro*. Argentina, Manantial.

Derrida J., [1996], 2005, *Resistencias del Psicoanálisis*. Argentina, Paidós.

Díaz M., 1992, *Psicología social: métodos y técnicas de investigación*. Madrid, Eudema Universidad.

Dorey y otros, 1993, *El inconciente y la ciencia*. Argentina, Editorial Amorrortu.

Forni y otros, 1993, *Métodos cualitativos II: la práctica de la investigación*. Buenos Aires, Centro editor de América Latina.

Freud S., [1893], 1973, *Estudios sobre la Histeria*, en *Obras Completas*, Vol. 1. Madrid, Biblioteca Nueva, pp.39-138.

Freud S., [1895], 1973, *Proyecto de una psicología para neurólogos* en *Obras Completas*, Vol.1. Madrid, Biblioteca Nueva, pp. 209-256

Freud S., [1905], 1978, *Tres ensayos de teoría sexual* en *Obras Completas*. Argentina, Amorrortu, pp.157-188

Freud S., [1908], 1978, *Las Teorías sexuales infantiles* en *Obras Completas*. Argentina, Editorial Amorrortu, pp. 185-201.

Freud S., [1925], 1973, *La negación* en *Obras Completas*, Vol.3. Madrid, Biblioteca Nueva, pp.2884-2889.

Giddens A., 1987, *Las nuevas reglas del método sociológico*. Buenos Aires, Editorial Amorrortu.

Green A., [1983], 1986, *Narcisismo de vida, Narcisismo de muerte*. Buenos Aires, Editorial Amorrortu.

Green A., [1990], 1993, *La nueva clínica psicoanalítica y la teoría de Freud*. Buenos Aires, Editorial Amorrortu.

Green A., [1972], 1994, *De locuras privadas*. Buenos Aires, Editorial Amorrortu.

Green A., [1993], 1995 a, *Trabajo de lo negativo*. Buenos Aires, Editorial Amorrortu.

Green A., [1984], 1995 b, *El lenguaje en Psicoanálisis*. Buenos Aires, Editorial Amorrortu.

Green A., 1996, *La metapsicología revisitada*. Buenos Aires, Editorial Eudeba.

Green A., 1997, *Las cadenas de Eros*. Buenos Aires, Editorial Amorrortu.

Green A., 1999, *Sobre la discriminación e indiscriminación afecto-representación*. En Revista de Psicoanálisis de la APA- Tomo LVI, N° 1, pp.12-71.

Green A., 2001, *El tiempo fragmentado*, Buenos Aires, Editorial Amorrortu.

Green A., [2000], 2002, *Diacronía en psicoanálisis*. Buenos Aires, Editorial Amorrortu.

Green A., [1990], 2004, *El complejo de Castración*. Argentina, Paidós.

Green A., 2004, *La posición fóbica central: un modelo para la asociación libre*. (Inédito. Traducción de Olga Pineiro para el Espacio Green de A.P.A)

Green A., 2005, *Ideas directrices para un Psicoanálisis Contemporáneo*. Buenos Aires, Editorial Amorrortu.

Green A., 2005, *Mitos y realidades del proceso analítico*. (Inédito. Traducción de Olga Pineiro para el Espacio Green de A.P.A)

Gomezjara F. y Pérez R., 1984, *El diseño de la investigación social*. México, Ediciones Nueva Sociología.

Guber R., 1991, *El salvaje metropolitano*. Argentina, Legasa.

Klein M., [1927], 1975, "Tendencias criminales en niños normales" en *Contribuciones al Psicoanálisis*. Argentina, Paidós.

Kristeva J., [1997], 2002, *La revuelta íntima*. Argentina, Eudeba.

Lacan J., 2006, *Seminario 10: La angustia*. Argentina, Paidós.

Lacan J., 1989, *Seminario 11: Los cuatro conceptos fundamentales del psicoanálisis*. Argentina, Paidós.

Lacan J., 1992, *Seminario 17: El reverso del Psicoanálisis*. Argentina, Paidós.

Lacan J.,2008, *Seminario 16: De otro al otro*. Argentina, Paidós.

Laplanche J. y Pontalis J. B., 1985, *Fantasía originaria, fantasías en los orígenes y origen de la fantasía*. Barcelona, Editorial Gedisa.

Laplanche J., 1983, *Problemáticas 3: La sublimación*. Buenos Aires, Editorial Amorrortu.

Laplanche J., 1987 a, *Problemáticas 4: El inconciente y el ello*. Buenos Aires, Editorial Amorrortu.

Laplanche J., 1987 b, *Nuevos fundamentos para el Psicoanálisis*. Buenos Aires, Editorial Amorrortu.

Laplanche J., 1988, *Problemáticas 2: Castración. Simbolizaciones*. Buenos Aires, Editorial Amorrortu.

Laplanche J., 1990, *Problemáticas 5: La cubeta. Trascendencia de la transferencia*. Buenos Aires, Editorial Amorrortu.

Laplanche J., 1996, *La prioridad del otro en psicoanálisis*. Buenos Aires, Editorial Amorrortu

Lyotard J. F., [1974], 1979, *Discurso, Figura*. Barcelona, Madrid, Editorial Gustavo Gilli.

Lyotard J. F., [1975], 1990, *Economía libidinal*. Argentina, Fondo de Cultura económica.

Lyotard J. F., 1997, *Lecturas de Infancia*. Argentina, Eudeba.

Lyotard J. F., 1998, *Lo inhumano: charlas sobre el tiempo*. Argentina, Manantial.

Mannoni O., 1990, *La otra escena. Claves de lo imaginario*. Buenos Aires, Editorial Amorrortu.

Miller J. A., 1983, *Dos dimensiones clínicas: síntoma y fantasma*. Argentina, Manantial.

Púlice G. y otros, 2000, *Investigación - Psicoanálisis*. Argentina, Letra Viva.

Rodulfo R., 1989, *El niño y el significante*. Argentina, Paidós.

Rodulfo R., 1999, *Dibujos fuera del papel*. Argentina, Paidós.

Samaja J., 1993, *Epistemología y metodología: elementos para una teoría de la investigación científica*. Argentina, Eudeba.

Sautu R., 2003, *Todo es teoría*. Argentina, Editorial Lumiere.

Schwartz H. y Jacobs J. (1996) *Sociología cualitativa*. México, Trillas.

Taylor S. y Bodgan R., 1992, *Introducción a los métodos cualitativos de investigación*. España, Paidós.

Winnicott D., [1971], 1986, *Realidad y juego*. Barcelona, Gedisa.

www.ingramcontent.com/pod-product-compliance
Lightning Source LLC
Chambersburg PA
CBHW020612270326
41927CB00005B/300